MERIAN *live!*

WIEN

Christian Eder, Jahrgang 1964, ist Journalist und arbeitet in Salzburg und Wien. Speziell das völkerverbindende Flair dieser mitteleuropäischen Metropole hat es ihm angetan.

D1755951

- Familientipps
- Barrierefreie Unterkünfte
- Hunde erlaubt
- Umweltbewusst Reisen
- FotoTipp
- Faltkarte

Preise für ein Doppelzimmer mit Frühstück:
€€€€ ab 220 €   €€€ ab 145 €
  €€ ab 75 €   € bis 75 €

Preise für ein dreigängiges Menü ohne Getränke:
€€€€ ab 45 €   €€€ ab 25 €
  €€ ab 15 €   € bis 15 €

INHALT

Willkommen in Wien 4

MERIAN TopTen
Höhepunkte, die Sie sich nicht entgehen lassen sollten ... 6

MERIAN TopTen 360°
Hier finden Sie sich schnell zurecht ... 8

MERIAN Tipps
Tipps, die Ihnen unbekannte Seiten der Stadt zeigen ... 18

Zu Gast in Wien 22

Übernachten ... 24
Essen und Trinken ... 28
Einkaufen ... 38
Am Abend ... 48
Familientipps ... 56

◀ Die Fiaker genannten zweispännigen Kutschen sind aus dem Stadtbild Wiens nicht mehr wegzudenken (▶ S. 118).

Unterwegs in Wien — 62

Sehenswertes 64
Vom Alten Rathaus über das Belvedere
und Schönbrunn bis zum Zentralfriedhof
Museen und Galerien 88
Vom 21er Haus über das
Kunsthistorische Museum und
MuseumsQuartier bis zur Galerie Steinek

Spaziergänge und Ausflüge — 98

Entlang des Wien-Flusses 100
Zwischen Grinzing und Nussdorf 102
Im Süden von Wien 104

Wissenswertes über Wien — 108

Auf einen Blick 110
Geschichte 112
Reisepraktisches von A–Z 114
Orts- und Sachregister 124
Impressum 128

Karten und Pläne

I. Bezirk .... Klappe vorne
Verkehrslinienplan .... Klappe hinten
Die Hofburg 71
Schönbrunn 81
Der Stephansdom 83
Weingärten bei Grinzing 103
Wien und Umgebung 107
EXTRA-KARTE ZUM HERAUSNEHMEN ...... **Klappe hinten**

Willkommen in Wien

Wien hat sich verwandelt: Aus der Hauptstadt mit etwas morbidem Charme ist eine moderne, lebhafte Weltstadt mit einem ganz besonderen Flair geworden.

»Drah di net um, der Kommissar geht um«, sang ein gewisser Hans Hölzl, der sich den Künstlernamen Falco verpasst hatte, und setzte damit Wien und Österreich zum ersten Mal auf die Weltkarte des Pop. Sein »Kommissar« war sogar in den USA ein Hit. Das war Ende der 70er-, Anfang der 80er-Jahre, und in Wien herrschte Aufbruchstimmung. Die Neue Österreichische Welle (im Gefolge der Neuen Deutschen Welle) drückte ein neues Lebensgefühl aus: Wien war zwar auch zuvor schon UNO-Sitz und Sitz der Internationalen Atomenergiebehörde gewesen, aber gefühlt noch immer Provinz. Das rote Wien, wie es hieß, hatte zwar für sozialen Ausgleich und kleinbürgerliche Sicherheit gesorgt, aber von Glamour war das alles weit entfernt. Am ehesten war der Ruf von Wien verschrobenlustig: Ein Synonym für das Wiener »Gmüat« (Gemüt) war daher auch der Mundl Sackbauer, der Held in der Fernsehserie »Ein echter Wiener geht nicht unter«, einem der großen Erfolge der späten 70er-Jahre.

Europäische Kulturmetropole

Doch irgendwie veränderte sich in den folgenden Jahren alles. Als ich in den 80er-Jahren nach Wien kam, war die Stadt bereits in: als Univer-

◄ Ein schneller Kaffee auf Wiens Shoppingmeile, der Mariahilfer Straße (► S. 63).

sitätsstadt, in der Mode, in der Architektur, im Lifestyle. Vorbei die Zeiten, als Wien vor allem Operettenflair, Sisi-Romantik und den Duft von frittiertem Wiener Schnitzel verbreitete. Events wie das Donauinselfest oder etwas später der schrillglamouröse Lifeball, Musiker wie Hansi Lang, die Akademie für Angewandte Kunst, Modeschulen wie Hetzendorf und auch die Neue Österreichische Küche, die von Reinhard Gerer im Korso oder der Familie Reitbauer im Steirereck geprägt wurde, haben Wien neu erfunden. Architektenteams wie Coop Himmelb(l)au zählen inzwischen zu den wichtigsten Vertretern der österreichischen Architektur. Und die Wiener Bar-, Club- und Beislszene war und ist weit über die Stadtgrenzen hinaus bekannt.

Wien ist heute neben London, Paris, Berlin oder Madrid eines der lebhaften Zentren Europas. Die Stadt ist schöner denn je – grüner, frischer, lebenswerter, aber auch glamouröser und fröhlicher als damals. Sogar der Wein ist besser geworden: Wiens Winzer zählen inzwischen zur Crème de la Crème Österreichs. Hansi Lang oder Falco, die Helden von damals, sind inzwischen gestorben. Dass sie aber Spuren hinterlassen haben, beweisen junge Bands wie Ja, Panik: Der Sänger Andreas Spechtl sieht Falco als einen seiner wichtigsten Einflüsse.

Das Wiener Stadtzentrum ist heute UNESCO-Weltkulturerbe. Das MuseumsQuartier oder die neue Albertina sind museale Juwelen, und Schönbrunn ist prachtvoll wie eh und je. Der Tiergarten Schönbrunn hat sich in den letzten 30 Jahren von einem zwar barocken, aber doch recht tristen Tierlager in eine moderne, artgerechte Aufzuchtstation und einen echten Garten verwandelt, in dem man sogar in den Baumwipfeln spazieren gehen kann.

Modern, aber der Tradition verpflichtet

Aber die Zeiten ändern sich – auch in Wien. Da muss sich selbst die SPÖ, die Sozialdemokratische Partei Österreichs, die jahrzehntelang die Wiener Politikszene allein dominiert hat, mit einem Schwund ihrer Macht – und der absoluten Mehrheit im Rathaus – abfinden. Dem zunehmenden Einfluss der rechtskonservativen FPÖ versucht sie seit dem Jahr 2010 in einer Koalition mit den Grünen Paroli zu bieten.

Wien gibt sich heute weltstädtisch: Neue Lokale, neue Shops und Showrooms junger Designer wachsen allerorts aus dem Boden. Und doch freut's mich, wenn ich heute einen Abstecher ins U 4 mache, in dem die Wiener Musikszene zum Leben erwacht ist, zu einem Konzert in die Arena, auf ein Achterl ins Krah Krah oder das Kleine Café, das es heute gibt wie damals. Ganz zu schweigen von einem Besuch in einem meiner Lieblingscafés, dem Sperl: Der Oberkellner ist zwar heute eine Kellnerin, aber immer noch so »grantig« wie damals, die Melange hat immer noch Klasse, und die Sperlschnitte als »Zubiss« passt dazu wie die Faust aufs Auge. Wien bleibt eben doch Wien, wie schon Johann Schrammel, der legendäre Erfinder der Schrammelmusik, dichtete.

MERIAN TopTen

MERIAN zeigt Ihnen die Höhepunkte der Stadt: Das sollten Sie sich bei Ihrem Besuch in Wien nicht entgehen lassen.

Schönbrunn, die Hofburg, die Kapuzinergruft – die Habsburger haben Wien ein reiches Erbe an Sehenswürdigkeiten hinterlassen, Pflichtprogramm bei einem Wien-Besuch. Wien hat aber noch viel mehr zu bieten. Dazu zählen Vergnügungsparks wie der Prater, Museen und Galerien und die Lokalszene des »Bermuda-Dreiecks«. Tipps für jeden Geschmack, für jede Geldbörse, für Kunstliebhaber, Shopper oder Familien ...

MERIAN TopTen 360°

Damit Sie sich vor Ort schneller orientieren können, finden Sie zu ausgewählten MERIAN TopTen auf den folgenden Seiten Umgebungskarten mit Restaurant-, Einkaufsempfehlungen und Tipps für weitere Sehenswürdigkeiten.

MERIAN TopTen

⭐1 »Bermuda-Dreieck«
Im ehemaligen jüdischen Viertel ballt sich das Nachtleben (▶ S. 49, 52).

⭐2 Prater
Der Vergnügungspark Wiens mit Riesenrad und Geisterbahn sowie ausgedehnten Wanderwegen und Teichen (▶ S. 59, 78).

⭐3 Hofburg
Besonders schön: Kaiserappartements, Sisi-Museum und die Schatzkammer (▶ S. 70).

⭐4 Kapuzinergruft
Ruhestätte wichtiger Habsburger: von Maria Theresia bis zum Europa-Politiker Otto von Habsburg (▶ S. 72).

⭐5 Karlsplatz und Karlskirche
Von der barocken Karlskirche über die Secession zum Café Museum (▶ S. 73).

⭐6 Kärntner Straße
An Wiens Nobeleinkaufsstraße besitzt alles, was Rang und Namen hat, eine Filiale (▶ S. 74).

⭐7 Schönbrunn
Die Sommerresidenz Maria Theresias und der Tiergarten sind einen Besuch wert (▶ S. 80).

⭐8 Stephansdom
Wiens monumentale gotische Kirche verführt mit einem unvergesslichen Ausblick (▶ S. 84).

⭐9 Albertina
Eine beeindruckende Sammlung an Druckgrafik, dazu Ausstellungen von Weltformat (▶ S. 90).

⭐10 MuseumsQuartier
Das Museumszentrum versammelt u. a. das MUMOK und die Kunsthalle (▶ S. 93).

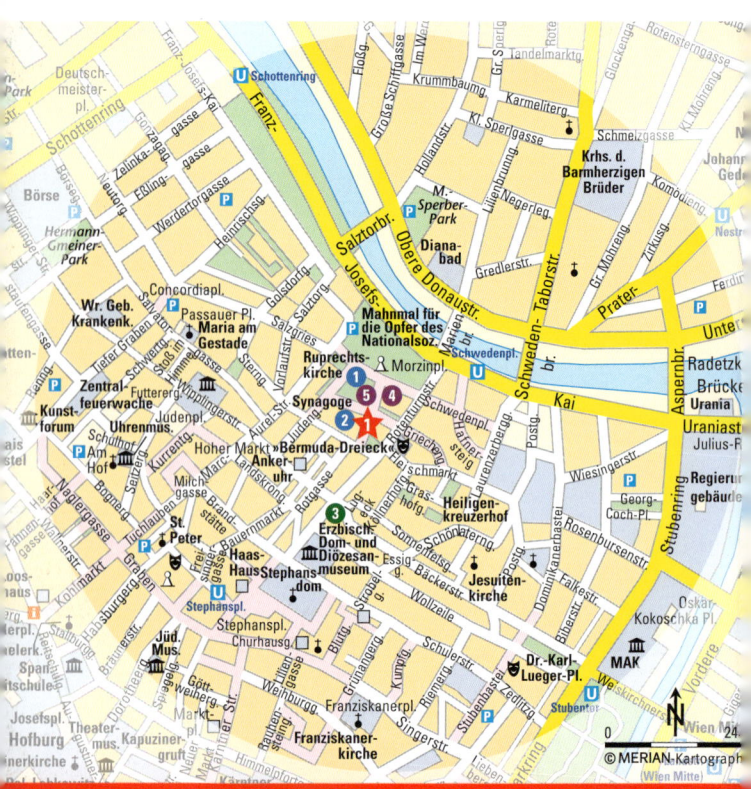

360° »Bermuda-Dreieck«

MERIAN TopTen

⭐ »Bermuda-Dreieck«
Im ehemaligen jüdischen Viertel rund um die Ruprechtskirche ballt sich das Nachtleben – zu legendären Lokalen wie dem Krah Krah oder dem Roten Engel gesellen sich immer wieder neue Treffs (▸ S. 52).

SEHENSWERTES

① Ruprechtskirche
Teile der Römersiedlung Vindobona wurden wohl im 12. Jh. für den Bau dieser romanischen Kirche verwendet, heute das älteste Gotteshaus der Stadt (▸ S. 79).
I., Ruprechtsplatz

② Synagoge
Die Synagoge in der heutigen Seitenstettengasse überstand als einzige der 94 Synagogen der Stadt die Pogromnacht von 1938. Das Gebäude wurde 1825/26 nach Plänen von Josef Kornhäusel entworfen (▸ S. 85).
I., Seitenstettengasse 2–4

ESSEN UND TRINKEN

③ Zanoni & Zanoni
Der beste italienische Eissalon Wiens: Vom Eis über die Atmosphäre bis zum Personal ist alles »tipico italiano« und die Auswahl ist riesengroß (▸ S. 35).
I., Lugeck 7

AM ABEND

④ Krah Krah
Der »Urvater« der Wiener Innenstadtlokale – einer der ersten Szenetreffs im »Bermuda-Dreieck« – ist noch immer genauso beliebt und auch so belebt wie seinerzeit (▸ S. 52).
I., Rabensteig 8

⑤ Roter Engel
In dieser stimmungsvollen »Wein- und Liederbar« gibt es eine große Weinauswahl, dazu werden kleine Häppchen serviert. Oft kann man hier Livemusik hören, vor allem Jazz und Blues wird zum Besten gegeben (▸ S. 52).
I., Rabensteig 5

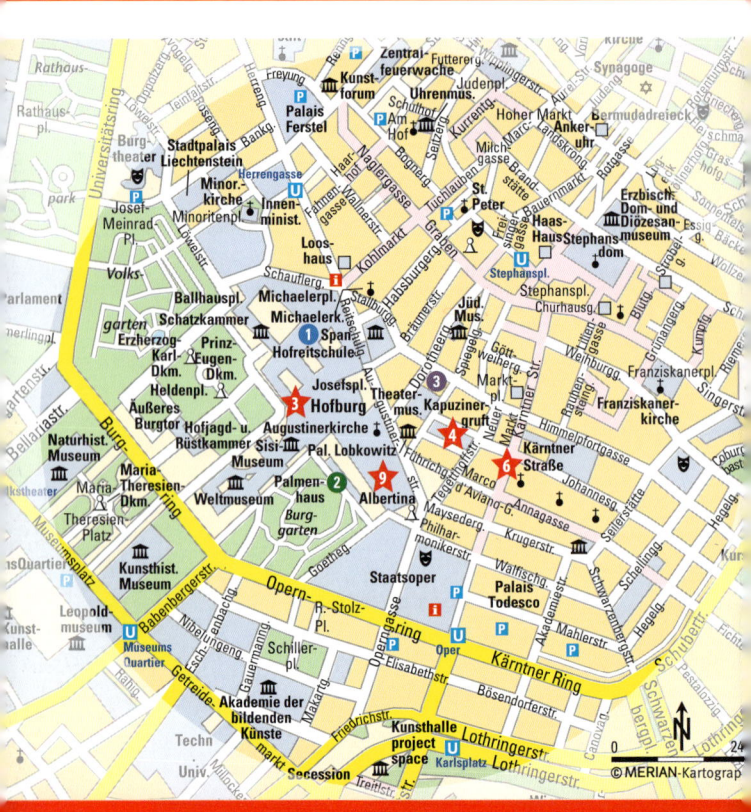

360° Rund um die Hofburg

MERIAN TopTen

3 Hofburg
Habsburg komprimiert auf 24 000 qm. Besonders schön sind die Kaiserappartements, das Sisi-Museum, die Winterreitschule und die Schatzkammer (▶ S. 70).

4 Kapuzinergruft
von Maria Theresia bis zu Kaiserin Zita, der letzten Herrscherin, und Otto Habsburg, dem Europapolitiker (▶ S. 72).
I., Neuer Markt/Tegetthoffstraße

6 Kärntner Straße
Entlang von Wiens Nobeleinkaufsstraße besitzt alles von Rang und Namen eine Filiale. Bestens zum Bummeln geeignet (▶ S. 74).
I., U-Bahn: Stephansplatz

9 Albertina
Eine beeindruckende Sammlung an Druckgrafik und Gemälden, darunter Dürers »Hase«, hinzu kommen laufend Ausstellungen von Weltformat (▶ S. 90).
I., Augustinerstraße 1

SEHENSWERTES

① Spanische Hofreitschule
Im Reitsaal der Winterreitschule, der vielen als der schönste der Welt gilt, finden die öffentlichen Vorführungen statt (▸ S. 82).
I., Michaelerplatz 1 (Eingang vom Josefsplatz)

ESSEN UND TRINKEN

② Palmenhaus
Café, Brasserie und Restaurant mit bestechend guter Lage über dem Burggarten: Von der Terrasse blickt man auf den idyllischen Park, der einst dem Kaiserhaus vorbehalten war (▸ S. 32).
I., Burggarten

EINKAUFEN

③ Dorotheum
Eines der größten und ältesten Auktionshäuser der Welt für Kunst, Möbel und Schmuck. In der »Tante Dorothee« kann man übrigens einkaufen wie in einem ganz normalen Geschäft (▸ S. 39).
I., Dorotheergasse 17

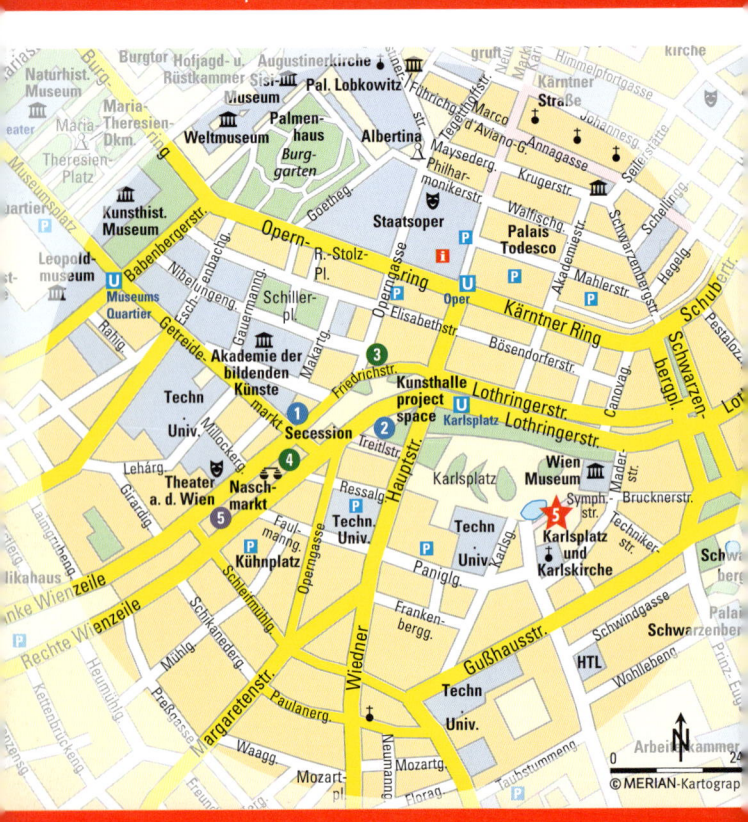

360° Karlsplatz und Karlskirche

MERIAN TopTen

★ Karlsplatz und Karlskirche
Von der barocken Karlskirche über das Jugendstilgebäude der Secession zur modernen Kunsthalle project space – der weitläufige Platz vereint verschiedenste Epochen (▶ S. 73).

SEHENSWERTES

① Secession
Eine prachtvolle Kuppel mit 3000 vergoldeten, stilisierten Lorbeerblättern und darunter der Spruch »Der Zeit ihre Kunst. Der Kunst ihre Freiheit« – ein Wahrzeichen des Jugendstil aus den Jahren 1897/98 (▶ S. 82).
I., Friedrichstraße 12

② Kunsthalle project space karlsplatz
Im Glaspavillon ist in wechselnden Ausstellungen das zu sehen, wofür die Kunsthalle, zu der es gehört, steht: zeitgenössische Kunst (▶ S. 92).
IV., Treitlstraße 2

ESSEN UND TRINKEN

❸ Café Museum
Das ursprünglich von Adolf Loos gestaltete Kaffeehaus wurde mit der Inneneinrichtung von Josef Zotti ausgestattet. Hervorragende Kaffeeauswahl, traditionelle Wiener Küche (▸ S. 37).
I., Operngasse 7

❹ Wein & Co am Naschmarkt
Im Flagshipstore der österreichischen Weinhandelskette kann man die Weine nicht nur kaufen, sondern vorher auch an der Bar verkosten und dazu Antipasti genießen. (▸ S. 53).
VI., Linke Wienzeile 4

EINKAUFEN

❺ Naschmarkt
Von exotischen Früchten über Gewürze, Fisch, Essigspezialitäten bis hin zu Wein – auf Wiens bestem Markt kann man (fast) alles kaufen. Und oft auch gleich essen (▸ S. 45).
VI., Naschmarkt

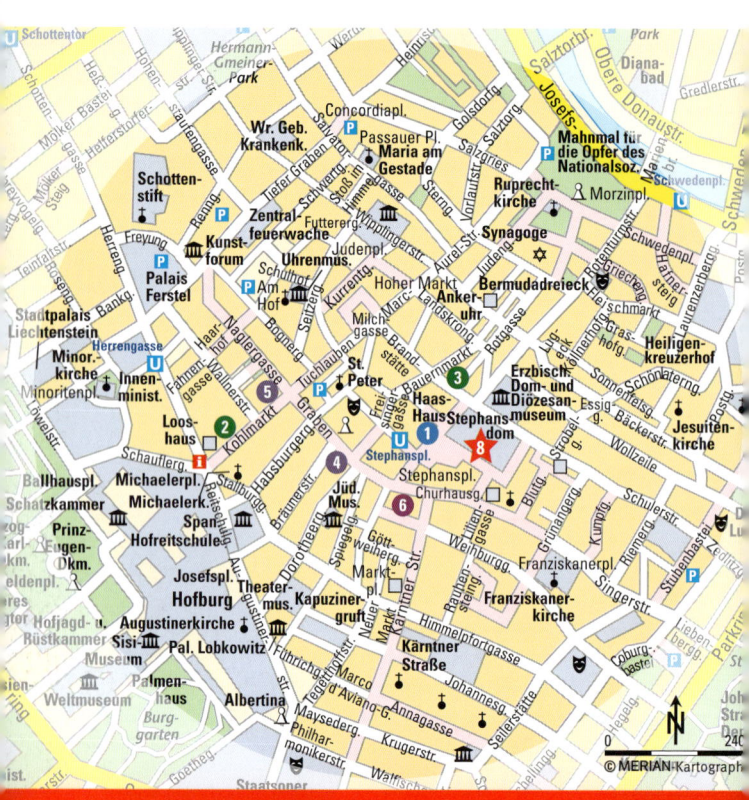

360° Stephansdom

MERIAN TopTen

Stephansdom [8]
Wiens monumentales gotisches Gotteshaus, seit 1365 Domkirche. Vom Turm hat man einen unvergesslichen Blick (▶ S. 84).
I., Stephansplatz

SEHENSWERTES

Haas-Haus [1]
Der Bau, in dessen Glasflächen sich der Steffl spiegelt, wurde als Geschäfts- und Bürohaus von Hans Hollein errichtet. In der Onyx-Bar im Obergeschoss gibt es das Panorama zum Cocktail (▶ S. 70).
I., Stephansplatz 12/Stock-im-Eisen-Platz 4

ESSEN UND TRINKEN

Demel [2]
Wer an exzellente Wiener Mehlspeisen denkt, der denkt an Demel. Das gediegene Café ist noch immer ein Treffpunkt gesetzter älterer Damen mit kleinem Hund, aber nicht nur (▶ S. 35).
I., Kohlmarkt 14

Stephansdom

③ Wiener Kochsalon
Beste vegetarische Gerichte, aber auch hochwertiges Fleisch und frischer Fisch kommen auf den Teller. Gute Weine (▸ S. 32).
I., Bauernmarkt 10

EINKAUFEN

④ Heldwein
Das Traditionsgeschäft für klassische Juwelierware schlechthin. Durchweg Qualität, die freilich ihren Preis hat (▸ S. 46).
I., Graben 13

⑤ Meinl am Graben
Feinkostgeschäft mit angeschlossenem Gourmetrestaurant. Gute Qualität zu moderaten Preisen, große Weinauswahl (▸ S. 42).
I., Graben 19

AM ABEND

⑥ Loos American Bar
Ein Meisterwerk des Architekten Adolf Loos aus dem Jahr 1908: Stilvoller lässt sich ein Mojito kaum genießen (▸ S. 49).
I., Kärntner Durchgang 10

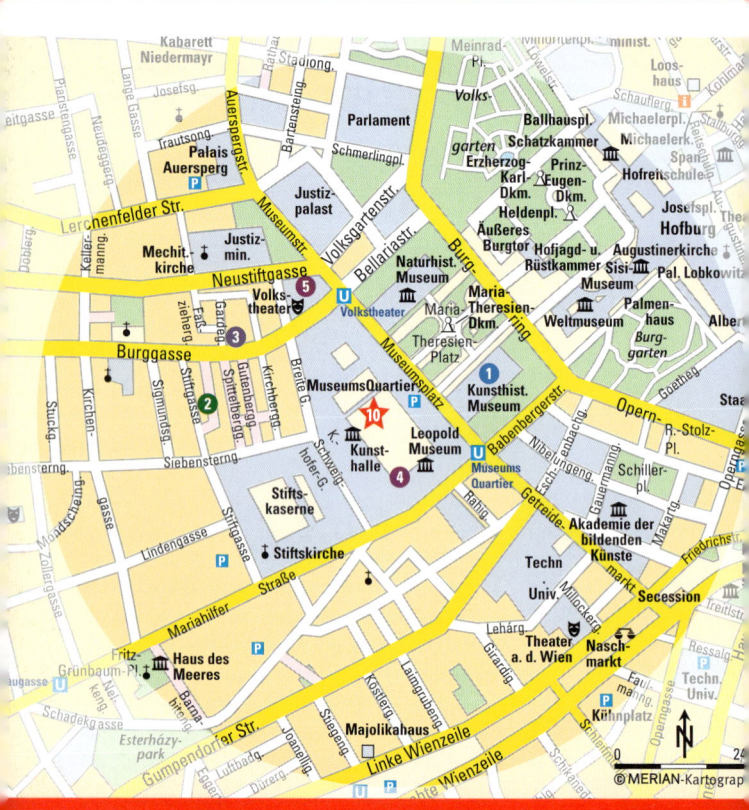

360° MuseumsQuartier

MERIAN TopTen

MuseumsQuartier
Das Museumszentrum versammelt das Leopold Museum, das MUMOK, die Kunsthalle, das Architekturzentrum und das ZOOM Kindermuseum (▶ S. 93).
VII., Museumsplatz 1

SEHENSWERTES

Kunsthistorisches Museum
Hat man vom elitären Genuss noch nicht genug, dann kann man im Kunsthistorischen Museum auf der anderen Straßenseite die Kunstkammer der Habsburger besuchen (▶ S. 92).
I., Maria-Theresien-Platz

ESSEN UND TRINKEN

Amerlingbeisl
Gemütliches Lokal inmitten des Amerlinghauses am Spittelberg. Sonntags gibt es hier Frühstücksbuffet von 9 bis 15 Uhr, abends auch saisonale Gerichte (▶ S. 51).
VII., Stiftgasse 8

EINKAUFEN

③ das möbel

In diesem Café kann man nicht nur seine Melange und ein Stück Torte genießen, sondern die Einrichtung und die Accessoires, gestaltet von jungen Designern, auch gleich kaufen (▸ S. 41).
VII., Burggasse 10

AM ABEND

④ Café Leopold

Das Café im Leopold Museum bietet entspannte Atmosphäre, eine pfiffige Wiener Küche, dazu DJs am Abend und einen Gastgarten im Herzen des MuseumsQuartiers (▸ S. 51).
VII., Museumsplatz 1

⑤ Volkstheater Rote Bar

Im Obergeschoss des Volkstheaters (eigener Eingang neben dem Haupteingang) findet man diesen stilvollen Wiener In-Treff. Es gibt hier auch Konzerte und Lesungen (▸ S. 50).
VII., Neustiftgasse 1

MERIAN Tipps

Mit MERIAN mehr erleben. Nehmen Sie teil am Leben der Stadt und entdecken Sie Wien, wie es nur Einheimische kennen.

Ferien bei Freunden

Es muss nicht immer ein Hotel sein: Will man gerne mit einer Wiener Familie in Kontakt kommen, wird man bei einem der zahlreichen Privatzimmervermieter fündig. Apartments oder Bed & Breakfasts gibt es in fast allen Teilen Wiens. Die Zimmer sind durchwegs sauber, und das Frühstück ist äußerst reichhaltig.

Hilfreich ist dabei die Website www.netland.at/wien, die von der Landesvereinigung Wiener Privatvermieter betrieben wird. Die Unterkünfte werden vom Bundesverband der Privatvermieter geprüft und sind mit einem Edelweiß-Symbol gekennzeichnet: Die Qualität reicht von zwei Edelweiß (in der Economy-Klasse) bis zu vier (in der Premium-Qualität).

⭐2 Wiener Würstlstände

»A klasse Hasse«, so heißt auf gut Wienerisch ein Paar Würstchen; gegessen werden sie am liebsten am Würstlstand, mit Senf und einer Semmel. Neben Frankfurtern und Debreczinern sind auch die größeren Sacherwürstl und das Burenhäutl im Angebot. Standard sind außerdem Krainer und Käsekrainer. Die besten Würstl gibt's vor der Albertina, am Schwarzenbergplatz vor dem Palais Ludwig Viktor und am Hohen Markt. Bei vielen Buden ist übrigens fast bis zur Morgendämmerung was los, und grundsätzlich stehen hier vom Theaterbesucher bis zum Sandler alle Hungrigen einträchtig nebeneinander.

⭐3 Kunst und Genuss   F 4

Sonntäglicher Brunch in der Beletage des Palais Todesco: Dabei tischt das Restaurant Gerstner ein opulentes Buffet auf; zu Walzerklängen wird unter den Fresken des Kunstmalers Carl Rahl geschmaust. Und wer noch Lust auf mehr (Kunst) hat, kann gegen einen kleinen Aufpreis gleich bei einer Führung durch die nahe Gemäldesammlung der Galerie der Akademie der Bildenden Künste flanieren und unter anderem Boschs »Weltgericht« bewundern.
I., Kärntner Str. 51 • U-Bahn: Stephansplatz • Tel. 5 26 13 61 • www.gerstner.at • So 11–14.30 Uhr

⭐4 Modemeile Lindengasse   C/D 4

Der VII. Bezirk gilt in Wien als der Kreativbezirk: Hier haben viele junge Fashiondesigner – oft Absolventen der Wiener Modeschule – ihre Geschäfte und Werkstätten, in denen man Mode, Schmuck und anderes günstig erwerben kann. Herz des Bezirks ist die Lindengasse unweit der Mariahilfer Straße: Mandarina Brausewetter verkauft hier bei Freaks & Icons (Lindengasse 30) ihre von Street Art inspirierten T-Shirts, la petite

boutique offeriert in der Lindengasse 25 Wäschespitze, bei Wabisabi (Lindengasse 20) findet man japanisch angehauchte Mode, Ozelot (Lindengasse 43) bietet ausgefallene Taschen an.
VII., Lindengasse • U-Bahn: Neubaugasse

⭐5 Clubkultur   E 4

Die Szene findet immer wieder neue Locations. Nach so illustren Plätzen wie dem Volksgarten oder der Meierei im Stadtpark wurde eine alte Fußgängerunterführung wiederentdeckt: die Babenberger-Passage unter der Ringstraße, zwischen Hofburg und Kunsthistorischem Museum. Nachdem sie einige Jahre lang leer ge-

standen hatte, wurde sie in einen Club verwandelt: Dazu passend heißt er »Passage«.
I., Opernring/Babenbergerstr. • U-Bahn: Museumsquartier • Tel. 9 61 88 00 • www.club-passage.at

⭐6 Wien zum Hören 📖 F 3/4

Dass Wien auch ein akustischer Höhepunkt ist, beweist das Haus der Musik, ein musikalisches Erlebnismuseum im historischen Palais Erzherzog Carl – vom Ursprung des Klangs bis zu Hyperinstrumenten. Jeden Sonntag um 10 Uhr ist Treffpunkt zur Kinderführung, wobei die Nachwuchs-Karajans virtuell das Orchester der Wiener Philharmoniker dirigieren dürfen oder etwas über Mozart und andere musikalische Größen erfahren. Und auch Erwachsenen werden viele neue Führungen geboten (Infos und Voranmeldung unter Tel. 5 13 48 50).
I., Seilerstätte 30 • U-Bahn: Stephansplatz • www.hausdermusik.at • tgl. 10–22 Uhr • Eintritt 12 €, Kinder 5,50 €

⭐7 Rund ums Fetzenlaberl 🏃

Obwohl die österreichische Nationalmannschaft schon bessere Zeiten gesehen hat, ist das Fetzenlaberl (Dialektausdruck für den Fußball aus den Zeiten, als er noch aus alten Stoffresten bestand) aus dem Wiener Leben nicht wegzudenken. Besser gesagt, es gibt zwei große Glaubensrichtungen: Rapid Wien (Vereinsfarbe: Grün-Weiß) – das im Gerhard-Hanappi-Stadion in Hütteldorf beheimatet ist – und Austria Wien (Vereinsfarbe: Violett), das in der Generali-Arena am Laaer Berg spielt. Besonders bei den Wiener Derbys in der Österreichischen Bundesliga kommt Volksfeststimmung auf.
www.skrapid.at • www.fk-austria.at

Donauinselfest

Drei Tage lang im Juni ist die Donauinsel Schauplatz eines riesigen Gratis-Freiluft-Events mit Konzerten und Partys auf und um 20 Bühnen. Fast drei Millionen Menschen besuchen es jedes Jahr, damit ist es das größte Freiluft-Event Europas. Neben den Wiener Lokalgrößen gehörten natürlich auch schon Acts wie Cro und Adel Tawil zu den auftretenden Stars. Wenn das Wetter schön ist, kann man in Hörweite der Bühnen wunderbar Basketball spielen, baden, Wasserski fahren oder einfach nur am Ufer der Donau liegen und seine Seele baumeln lassen.

Ende Juni • XXII., Donauinsel • U-Bahn: Donauinsel • www.donauinselfest.at

Wienerlieder

Was für Lissabon der Fado, ist in der Donaumetropole das Wienerlied: Entstanden um 1700, erlebte es seine erste Blüte im Biedermeier und seine Renaissance in den 70er-Jahren des 20. Jh.: Lokalgrößen wie Karl Hodina (legendär: sein Album »Herrgott aus Stan«) sangen über Herz, Schmerz und das »Weaner Gmüat« – durchaus mit einer guten Portion Sozialkritik, aber natürlich auch mit viel »Schmäh«. Heute halten Roland Neuwirth und seine Extremschrammeln oder die 1. Wiener Pawlatschen AG die Kunst des Wienerliedes hoch.

Dem Wienerlied ist zudem jedes Jahr im September und Oktober das Musikfestival Wean hean (▶ S. 117) gewidmet, das in unterschiedlichen Locations in der Stadt stattfindet.

Gedächtnisstätten und Sterbezimmer F 6

Fast allen berühmten musikalischen Söhnen und Besuchern der Stadt sind Gedächtnisstätten und Sterbezimmer gewidmet: Schubert, Strauß, Brahms, Haydn oder Mozart. Beethoven wird gleich an drei Orten gedacht: Im Eroicahaus in Oberdöbling ist ebenso eine Schausammlung zu sehen wie im Heiligenstädter-Testament-Haus, wo er seinen Nachlass verfasste. Eine umfangreichere Ausstellung befindet sich im Pasqualatihaus in der Innenstadt, in dem der Komponist acht Jahre lang lebte.

– Eroicahaus: XIX., Döblinger Hauptstr. 92 • Straßenbahn: Pokornystr. • Öffnung auf Anfrage. Tel. 5 05 87 47-8 51 73 • Eintritt 4 €

▶ S. 103, südl. e 3

– Heiligenstädter-Testament-Haus: XIX., Probusgasse 6 • Bus: Fernsprechamt Heiligenstadt Pfarrplatz • Di–So 10–13, 14–18 Uhr • Eintritt 4 €

▶ S. 103, e 3

– Pasqualatihaus: I., Mölker Bastei 8 • U-Bahn: Schottentor • Di–So 10–13, 14–18 Uhr • Eintritt 4 € E 2

1880 erbaut, war das Sperl (▶ S. 37) Heimat von Musikern, Schauspielern und Architekten und gilt bis heute als Wiens schönstes Kaffeehaus.

Zu Gast in **Wien**

Wiener Lebensart rund um die Uhr: ein kleiner Brauner im Kaffeehaus, Bummeln auf der Kärntner Straße, ein Klassiker im Burgtheater und dann noch ein Viertel beim Heurigen ...

Übernachten

Ob Traditions- oder Designhotel, Künstlerpension oder Schloss: Für jeden Geschmack ist in Österreichs Hauptstadt etwas dabei – und für jeden Geldbeutel ebenso.

◀ Das Hotel Sacher (▶ S. 25) ist eine der ersten Adressen der Stadt.

Die traditionsreichen Nobelhotels – von Imperial bis Sacher – genießen zu Recht weltweit einen exzellenten Ruf. Sehr charmant und nicht selten beliebt bei Künstlern & Co. sind manche Pensionen der Innenstadt – wenngleich ebenfalls nicht unbedingt billig. Aber natürlich gibt es auch preiswertere Quartiere in der City, gepflegt und sauber. Frühstück, meist vom Buffet, ist bei fast allen Hotels – außer den Luxusherbergen – im Preis inbegriffen. Wer eher kostengünstig wohnen will, findet natürlich auch ein Dach über dem Kopf (Infos gibt es beim Wiener Tourismusverband). Ganz wichtig: Reservieren Sie immer rechtzeitig!

Preise für ein Doppelzimmer mit Frühstück:
€€€€ ab 220 €   €€€ ab 145 €
  €€ ab 75 €   €   bis 75 €

HOTELS €€€€
Grand Hotel Wien F 4
Luxus an der Ringstraße • Kämpft mit dem Imperial und dem Sacher um den Titel »Nr. 1 der Stadt«. Das im Jahr 1880 eröffnete First-Class-Hotel liegt, wie seine Konkurrenten, direkt im Zentrum und ist in einem mondänen Ringstraßenpalais aus dem 19. Jh. untergebracht.
I., Kärntner Ring 9 • U-Bahn: Karlsplatz/Oper • Tel. 51 58 00 • www.grandhotelwien.at • 207 Zimmer • ♿ • 🐾 • €€€€

Imperial F 4
Altwiener Pracht • Viele sagen, dieses Hotel sei die Nummer 1 der Republik. Das Haus verströmt noch den Hauch der K.u.k.-Zeit. Hier steigen auch Staatsgäste ab. Probieren Sie auf jeden Fall die Torte aus der hauseigenen Konditorei.
I., Kärntner Ring 16 • U-Bahn: Karlsplatz/Oper • Tel. 50 11 00 • www.luxurycollection.com/imperial • 138 Zimmer • ♿ • 🐾 auf Anfrage • €€€€

Sacher E 3/4
Plüschiger Komfort • Das Wiener Traditionshotel schlechthin – weltbekannt wegen der Sachertorte aus der hauseigenen Konditorei. Hinter der Staatsoper im Zentrum Wiens.
I., Philharmonikerstr. 4 • U-Bahn: Karlsplatz/Oper • Tel. 5 14 60 • www.sacher.com • 152 Zimmer • 🐾 • €€€€

HOTELS €€€
Altstadt Vienna D 4
Kunstsinnig wohnen • Im Hotel Altstadt Vienna gleich hinter dem MuseumsQuartier hat der Kunstsammler Otto Wiesenthal seine Passion in die Arbeit integriert: Originale von Christian Ludwig Attersee, Niki de Saint Phalle oder Andy Warhol schmücken die Wände. Alle Zimmer und Suiten sind aus ehemaligen Bürgerwohnungen entstanden.
VII., Kirchengasse 41 • U-Bahn: Volkstheater • Tel. 5 22 66 66 • www.altstadt.at • 45 Zimmer • 🐾 auf Anfrage • €€€

Guesthouse Wien E/F 3
Modern und hell • Neu eröffnetes Boutiquehotel an der Albertina, das moderne Design stammt von Terence Conran. Helle, luftige Zimmer mit toller Aussicht auf Albertina oder Oper. Hervorragend – und noch dazu ganz überraschend güns-

tig – essen Sie in der hauseigenen Brasserie & Bakery.
I., Führichgasse 10 • U-Bahn: Karlsplatz • Tel. 5 12 13 20 • www.theguesthouse.at • 39 Zimmer • €€€

Hotel Fabrik   C 6
Außergewöhnliches Design • Familiär geführtes Hotel in einer ehemaligen Wäschefabrik: Liebevoll restaurierte Elemente des alten Gebäudes wurden mit viel Licht und Farbe kombiniert. Wiener Küche im angeschlossenen Restaurant.
XII., Gaudenzdorfer Gürtel 73 • U-Bahn: Margarethengürtel • Tel. 8 13 28 00 • www.hotel-fabrik.at • 39 Zimmer • 🐾 • €€€

★ MERIAN Tipp

FERIEN BEI FREUNDEN
Zimmer mit Frühstück oder Appartements findet man auch bei einem Privatzimmervermieter – Familienanschluss nicht ausgeschlossen. ▶ S. 18

Hotel Rathaus – Wein & Design   D 3
Bacchus gewidmet • Unter dem Motto »Wein & Design« steht das Hotel nach dem Umbau: Jedes Zimmer ist einem österreichischen Top-Winzer gewidmet; in der Wein-Lounge gibt's die dazugehörigen Weine und Gourmetsnacks.
VIII., Lange Gasse 13 • U-Bahn: Volkstheater • Tel. 4 00 11 22 • www.hotel-rathaus-wien.at • 39 Zimmer, 1 Suite • 🐾 auf Anfrage • €€€

🌿 Hotel Stadthalle   B 4
Nachhaltig schlafen • Dieses Boutiquehotel nahe der Wiener Stadthalle gilt als das erste Null-Energie-Bilanz-Hotel der Welt. Seine gesamte Energie wird mittels Wärmepumpen und einer Photovoltaikanlage erzeugt. Die Passivbauweise garantiert, dass die Zimmer im Sommer durch Grundwasser gekühlt und im Winter durch dieses geheizt werden. Die Restenergie wird in das Stromnetz eingespeist. Dass man bei so viel gutem Gewissen auch noch schön wohnen kann, beweisen die individuell eingerichteten Zimmer. Zum Teil blickt man auf das hauseigene Lavendelfeld oder in den Garten, in dem man auch frühstücken kann.
XV., Hackengasse 20 • U-Bahn: Westbahnhof • Tel. 9 82 42 72 • www.hotelstadthalle.at • 79 Zimmer • ♿ • 🐾 auf Anfrage • €€€

Pakatsuites Hotel   F 6
Viel Platz • Große Suiten, das innovative Design von Kristof Jarder (der auch die Rote Bar im Volkstheater gestaltet hat) und ein 24-Stunden-Service machen das Hotel zu einer komfortablen Basis für Kulturtrips: Das Schloss Belvedere liegt nebenan.
IV., Mommsengasse 5 • U-Bahn: Südtiroler Platz • Tel. 5 04 66 90 • www.pakatsuites.at • 52 Suiten • ♿ • 🐾 • €€€

Römischer Kaiser   F 3
Wohnlicher Barock • 300 Jahre altes, renoviertes Palais zwischen Stephansdom und Oper. Jedes Zimmer ist mit Stilmöbeln eingerichtet und hat seinen eigenen Charakter. Hier spielte John Irvings Roman »Lasst die Bären los«.
I., Annagasse 16 • U-Bahn: Stephansplatz • Tel. 51 27 75 10 • www.hotel-roemischer-kaiser.at • 24 Zimmer • 🐾 auf Anfrage • €€€

Im Hotel Altstadt Vienna (▶ S. 25) werden Kunst und Design in jedem der 42 Zimmer auf individuelle und geschmackvolle Art vereint.

HOTELS €€

Graben E3

Literatenhotel mit Flair • Der Dichter Peter Altenberg hat hier einige Zeit gelebt, ebenso Franz Kafka, Max Brod und Alfred Polgar. Neben dem Dorotheum gelegen.
I., Dorotheergasse 3 • U-Bahn: Stephansplatz • Tel. 51 21 53 10 • www.kremslehnerhotels.at • 56 Zimmer • 🐕 • €€

Landhaus Fuhrgassl-Huber ▶ S. 107, d 2

Wohnen im Grünen • Kleine, gemütliche Hotelpension am Stadtrand in Neustift am Walde mit Kinderbetreuung und Naturnähe: Fast wie auf dem Land – und der nächste Heurige ist vor der Tür.
XIX., Rathstr. 24 • Straßenbahn: Gatterburggasse, dann Bus: Station Neustift • Tel. 4 40 30 33 • www.fuhrgassl-huber.at • 40 Zimmer • 🐕 • €€

Pension Dr. Geissler F2

Wohnen wie ein Wiener • Sehr nette Pension in einem Wiener Wohnhaus nahe dem Franz-Josefs-Kai: Die Rezeption liegt im 8. Stock, und die Zimmer sind alle individuell gestaltet. Darüber hinaus ist das Frühstücksbuffet wirklich reichhaltig und gut.
I., Postgasse 14 • U-Bahn: Schwedenplatz • Tel. 5 33 28 03 • www.hotelpension.at/dr-geissler • 23 Zimmer • 🐕 • €€

Pension Wild D3

Schwulenfreundlich • Charmante Pension nahe dem Zentrum, aber ruhig in einer Seitenstraße gelegen. Sie ist ein idealer Ausgangspunkt besonders für eine Tour durch die Lokale im VIII. Bezirk.
VIII., Lange Gasse 10 • U-Bahn: Volkstheater • Tel. 4 06 51 74 • www.pension-wild.com • 26 Zimmer • 🐕 • €€

Essen und Trinken

Wiener Schnitzel und Tafelspitz – dafür ist Wien zu Recht in aller Welt berühmt. Aber die neue österreichische Küche hat weit mehr zu bieten als diese Klassiker.

◂ Das Café Central (▸ S. 37) ist eine Neuinterpretation des traditionellen Wiener Kaffeehauses.

Es ist noch nicht so lange her, da war die Wiener Küche eine Kleinbürgerküche, fett, fantasielos und mit viel Fleisch; das hat sich vor gut 20 Jahren geändert. Als Nachwehe der minimalistischen Nouvelle Cuisine orientierte man sich damals in Österreich wieder an den traditionellen Rezepten, derer es in Wien aus allen Teilen der ehemaligen Monarchie viele gab und gibt. Man modelte sie nur ein wenig um, verwendete beste Zutaten, bereitete die Speisen auf leichte Weise zu und verringerte die Portionen. Besonders die Rindfleischrezepte wurden kreativ überarbeitet. Und siehe da, die neue Wiener Küche ward geboren und bekam europaweit exzellente Kritiken!

Anfangs waren es nur einige Spitzenrestaurants, aber im Laufe der Jahre sprach sich die Küchenkunst bis in die unteren Regionen des Kocholymps herum – und inzwischen kann man sogar in vielen Beisln hervorragend essen. Apropos **Beisl:** Das kleine Wirtshaus um die Ecke – vielleicht vom sozialen Anspruch einem britischen Pub ähnlicher als einem »normalen« Gasthaus – diente als Treffpunkt der Wiener, um zu trinken, zu essen, zu diskutieren oder die Zeit totzuschlagen. Das hat sich bis heute nicht geändert.

Renaissance der Kaffeehäuser

Auch wenn es um die Beislkultur nicht schlecht bestellt ist, so sieht es bei den berühmten Wiener **Kaffeehäusern** leider nicht ganz so rosig aus: Zwar konnte die Entwicklung der 70er- und 80er-Jahre, als Supermärkte und Banken die schönen Standorte der Wiener Cafés – vor allem an der Ringstraße – für sich eroberten, vorerst aufgehalten werden, aber immer wieder sperren die alten Traditionscafés zu (wie das legendäre Brioni, wo Doderer an seiner »Strudlhofstiege« schrieb).

Natürlich gibt es auch Gegenbeispiele: Aus dem alteingesessenen Café Haag wurde nach einem Pizzaketten-Zwischenspiel inzwischen das stimmungsvolle Café im Schottenstift. Das Café Sperl gilt als ein mustergültig renoviertes Kaffeehaus, ebenso das kleine Café Goldegg im IV. Bezirk, das allein schon wegen seiner ruhigen Atmosphäre einen Abstecher lohnt. Und die klassischschönen Kaffeehäuser im I. Bezirk sollte man bei einem Wienbesuch ohnehin nicht verpassen.

Heuriger beim Heurigen

Neben Beisl und Kaffeehaus existiert noch eine dritte Urform der Wiener Geselligkeit: der **Heurige.** Wien ist ja die einzige Hauptstadt der Welt, die ein großes Weinanbaugebiet innerhalb der Stadtgrenzen ihr Eigen nennt. Seit der Regierungszeit von Kaiser Joseph II. ist es den Winzern erlaubt, ihre Produkte während einiger Monate des Jahres selbst zu vermarkten. Als Zeichen, dass diese Zeit wieder angebrochen ist, kann der Winzer einen »Buschen ausstecken«, das heißt einen geschmückten Zweig (meist Föhrenzweige) vor die Tür hängen – daher stammt auch der Name **Buschenschank.** Als Qualitätsmerkmal ist neuerdings noch das Schild »Original Wiener Heuriger« hinzugekommen, das ebenfalls für Originalität bürgen soll.

⭐ MERIAN Tipp

WIENER WÜRSTLSTÄNDE

Burenhäutl, Debrecziner oder Frankfurter – bis spät nachts gibt es sie an Wiens Würstlständen. ▶ S. 19

Zwar gibt es noch immer Buschenschanken, die traditionell nur während einiger Monate »ausgesteckt« haben. Aber die meisten Heurigen sind inzwischen das ganze Jahr hindurch geöffnet. Eine Besonderheit dieses Lokaltyps ist, dass er auch tatsächlich den »Heurigen« ausschenkt, also den jungen Wein Marke Eigenbau (meist keine bestimmte Rebsorte, sondern eine Mischung aus allen, die im eigenen Weingarten wachsen), und dazu kalte oder warme Speisen anbietet, meist zur Selbstbedienung am Buffet – von verschiedenen delikaten Aufstrichen bis zu knusprigen Schweinestelzen.

Preise für ein dreigängiges Menü:
€€€€ ab 45 € €€€ ab 25 €
€€ ab 15 € € bis 15 €

ASIATISCH

Sakai 📕 C/D 2
Bester Japaner • Haubenkoch Hiroshi Sakai verließ das Unkai im Grand Hotel und eröffnete mit seinem Sohn ein eigenes Lokal im VIII. Bezirk. Sonntags gibt's Sushi-Brunch.
VIII., Florianigasse 36 • U-Bahn: Rathaus • Tel. 729 65 41 • www.sakai.co.at • Di–Sa 12–14.30, 18–22, So 11.30–14.30 Uhr • €€€

Kim kocht im Restaurant 📕 F 2/3
Gehoben • Chefköchin Sohyi Kim gab dem Lokal im Kaufhaus Merkur am Hohen Markt ihren Namen, sie bestimmt auch die Linie: gehobene Asien-Küche nach den 5 Elementen. Probieren Sie Kims Klassiker: die Trilogie vom Thunfisch.
I., Hoher Markt 12 • U-Bahn: Stephansplatz • Tel. 3 19 02 42 • www.kimkocht.at • Mo–Fr 11–23, Sa 11–18 Uhr • €€€

MEDITERRAN

Fabio's 📕 E/F 3
Für Weinfreunde • Designerlokal mit leichter, niveauvoller mediterraner Küche. Weinkenner werden in der passenden Bar & Lounge fündig.
I., Tuchlauben 6 • U-Bahn: Stephansplatz • Tel. 5 32 22 22 • www.fabios.at • Mo–Sa 9–1, Küche 12–23 Uhr • €€

Zum Finsteren Stern 📕 E 2
Kreative Gerichte • Wer kosmopolitisch speisen will, ist hier genau richtig: Ella de Silva kocht mit viel Liebe und Kreativität; die Speisekarte wechselt täglich.
I., Schulhof 8 • U-Bahn: Stephansplatz • Tel. 5 35 21 00 • Mo–Sa 18–24 Uhr • €€

Da Moritz 📕 F 4
Pizza und mehr • Innovative Pizzen mit marktfrischen Produkten sowie Pasta und hervorragende Thunfischsteaks werden in diesem kleinen, feinen Lokal aufgetischt. Auch für den kleinen Hunger zwischendurch.
I., Schellinggasse 6 • U-Bahn: Karlsplatz • Tel. 5 12 44 44 • www.damoritz.at • Mo–Fr 12–24 Uhr • €

MODERN UND LEICHT

Cuadro 📕 D 5
Bio-Frühstück • Im Café und Diner am Margarethenplatz stehen Burger, Salate und vegetarische Gerichte auf

der Karte. Schöner Gastgarten. Das Frühstück wird bis 16 Uhr serviert!
V., Margaretenstr. 77 • U-Bahn: Pilgramgasse • Tel. 5 44 75 50 • www.schlossquadrat.at/cuadro • Mo–Sa 8–24, So 9–23 Uhr • €

Hansen E2
Was das Herz begehrt • Nobles Restaurant in der Säulenhalle der Wiener Börse. Dementsprechend ist auch das Publikum. Die Küche vermischt gekonnt Europäisch-Mediterranes mit Asiatischem, im Sommer variieren die Öffnungszeiten.
I., Wipplingerstr. 34 • U-Bahn: Schottentor • Tel. 5 32 05 42 • www.hansen.co.at • Mo–Fr 9–23, Sa 9–17 Uhr • €€€

Mraz & Sohn F1
Kreativ • Familienbetrieb, für den sich der Weg in den XX. Bezirk lohnt: Kreative Gerichte, leicht und modern, werden in einem elegant-heimeligen Ambiente serviert.
XX., Wallensteinstr. 59 • U-Bahn: Jägerstraße • Tel. 3 30 45 94 • www.mraz-sohn.at • Mo–Fr 19–24 Uhr • €€€

Artner F3
Hausgemachtes • Die erlesenen Zutaten sind hier das Nonplusultra: Seien es Duro-Schweine, Jura-Lämmer, frische See- und Flussfische oder der hausgemachte Rohmilch-Ziegenkäse – alles harmoniert perfekt mit dem stilvollen Ambiente dieses Lokals am Franziskanerplatz. Und dazu werden natürlich gerne gute Weine kredenzt – bevorzugt vom eigenen Gut in Höflein im Südosten der Stadt.
I., Franziskanerplatz 5 • U-Bahn: Stephansplatz • Tel. 5 03 50 34 • www.artner.co.at • Mo–Sa 12–24 Uhr • €€

Im stilsicher gestalteten Restaurant Kim kocht (▶ S. 30) zaubert die Küchenchefin eine Mischung aus asiatischen, österreichischen und internationalen Gerichten.

Inmitten des I. Bezirks sitzt man im Palmenhaus (▸ S. 32) bei tropischem Ambiente. Auf den Teller kommt innovative Wiener und internationale Küche.

Palmenhaus E 3/4
Über dem Burggarten • Café, Brasserie und Restaurant in einem mit guter Lage: Blick auf den Burggarten, Hofburg und Albertina um die Ecke. I., Burggarten • U-Bahn: Museumsquartier • Tel. 5 33 10 33 • www.palmenhaus.at • Mo–Do 10–24 (Winter: 11.30), Fr, Sa 10–1, So 10–23 Uhr • €€

Wiener Kochsalon F 3
Bewusst essen • Vegetarische Gerichte vom Feinsten, aber auch hochwertiges Fleisch und frischer Fisch kommen auf den Teller.
I., Bauernmarkt 10 • U-Bahn: Stephansplatz • Tel. 5 33 15 26 • www.wiener-kochsalon.com • Mo–Sa 12–23 Uhr • €€

NEUE ÖSTERREICHISCHE KÜCHE
Steirereck F/G 4
Wiens Gourmettempel • Wiens kulinarische Nummer 1 tischt neue österreichische Küche auf. Das sternbekränzte Steirereck ist mittags und

abends geöffnet. Vorbestellung ist unbedingt erforderlich.
III., Am Heumarkt 2A • U-Bahn: Stadtpark • Tel. 7 13 31 68 • www.steirereck.at • Mo–Fr 11.30–14.30 und ab 18.30 Uhr • €€€€

Holy Moly am Badeschiff F 2
Schiffsküche • In der Kombüse wird aufgekocht, im Laderaum und am Hauptdeck gespeist. Inzwischen pilgert jeder, der in Wien hervorragend essen will, hier an Bord. Mittags werden Suppen und Eintöpfe serviert. Man kann sogar übernachten!
I., Ankerplatz: Donaukanallände zwischen Schwedenplatz und Urania • U-Bahn: Schwedenplatz • Tel. 06 60/3 12 47 03 • www.badeschiff.at • Küche am Badeschiff: tgl. 11–23 Uhr, Holy Moly Clubrestaurant und Laderaum: Mo–Fr 16–1, Sa, So 10–1 (Küche 18–23 Uhr) mit Sommerpause • €€€

Konstantin Filippou F 3
Bester Koch • Der Senkrechtstarter in Wien. Beim Business-Lunch gibt es Kasspätzle oder Fischsuppe vom Feinsten, ansonsten gehobene und doch sehr kreative Küche mit dem richtigen Gefühl für österreichische Tradition (mit einem Schuss Griechenland und Mittelmeerraum).
I., Dominikanerbastei 17 • U-Bahn: Stubentor • Tel. 5 12 22 29 • www.konstantinfilippou.com • Mo–Fr 12–15, 18.30–24 Uhr • €€€

Skopik & Lohn F 1
Ein Hauch von Frankreich • Wiener Küche mit französischem Touch wird in diesem Restaurant serviert: Probieren Sie doch das Lavendelrisotto mit Melanzane und Brunnenkresse oder das hervorragende Wiener Schnitzel vom Kalb.
II., Leopoldsgasse 17 • U-Bahn: Taborstraße • Tel. 2 19 89 77 • www.skopikundlohn.at • Di–Sa 18–1 Uhr • €€

Vestibül E 2
Speisen in der Burg • Starkoch Christian Domschitz hat das Lokal im Seitentrakt des Burgtheaters in eine »Wiener Brasserie« verwandelt. Klassische Gerichte, neu interpretiert.
I., Universitätsring 2 • U-Bahn: Herrengasse • Tel. 5 32 49 99 • www.vestibuel.at • Mo–Fr 11–24, Sa 18–24 Uhr • €€

Vincent F 1
Wienerische Meeresfrüchte • Maître Frank Gruber sorgt selbst für die Weinauswahl zu seinen fantasievollen Gerichten, die nach leichten und vitalen Rezepturen zubereitet werden. Neben der klassischen österreichischen Küche kommen auch Meeresfrüchte nicht zu kurz. Und dann gibt es auch noch hervorragende Desserts.
II., Große Pfarrgasse 7 • U-Bahn: Taborstraße • Tel. 2 14 15 16 • www.restaurant-vincent.at • Di–Sa ab 17.30 Uhr • €€

VEGETARISCH
Lebenbauer E 2
Vollwertküche • Elfriede und Karl Lebenbauer sorgen mit ihrem Restaurant im I. Bezirk dafür, dass gesunde Küche (Gemüse und Getreide aus biologischer Landwirtschaft, dazu viel Fisch) auch von Restaurantkritikern hoch geschätzt wird. Dazu gehört einer der schönsten Gastgärten im Zentrum.
I., Teinfaltstr. 3 • U-Bahn: Herrengasse • Tel. 5 33 55 56 • www.lebenbauer.eu • Mo–Fr 11–15 und 17.30–22.30 Uhr • €€

MERIAN Tipp

KUNST UND GENUSS E 4
Ein opulenter Sonntagsbrunch in der Beletage des Palais Todesco unter Fresken, aufgetischt vom Restaurant Gerstner. ▶ S. 19

Natürlich Wrenkh F 3
Gesunde Alternative • Vegetarischer Vollwertimbiss nahe des Zentrums, in dem man sich schnell und auf gesunde Art für die kommende Sightseeingtour stärken kann.
I., Rauhensteingasse 12 • U-Bahn: Stephansplatz • Tel. 5 13 58 36 • Di-Sa 10-17 Uhr • €

WIENERISCH-TRADITIONELL
Restaurant Walter Bauer F 3
Spitzenkoch • Von Patron Walter Bauer liebevoll geführtes Restaurant, in dem gehobene österreichische Küche mit neuen Nuancen (z. B. Szegedinergulasch mit Hummer) angeboten wird, auch vegetarische Gerichte. Umfangreiche Weinkarte.
I., Sonnenfelsgasse 17 • U-Bahn: Schwedenplatz • Tel. 5 12 98 71 • Di-Fr 12-14 und 18-24, Mo-Fr 18-22 Uhr • €€€

Zu den Drei Hacken F 3
Der Klassiker • Das Lokal gilt als eines der besten Traditionsrestaurants der Stadt. Gleich um die Ecke in der Riemergasse befindet sich der dazugehörige Spezialitätenladen. Es empfiehlt sich hier auf jeden Fall, vorab einen Tisch zu reservieren!
I., Singerstr. 28 • U-Bahn: Stephansplatz • Tel. 5 12 58 95 • www.zudendreihacken.at • Mo-Sa 11-24, Feiertag 11.30-23 Uhr • €€€

Gasthaus Floß E 2
Frische Tradition • Wirt Flo Peitl kredenzt in seinem Lokal hinter der Wiener Börse solche traditionelle Köstlichkeiten wie Salonbeuschel vom Biokalb oder gefüllte Paprika.
I., Börseplatz 3 • U-Bahn: Schottentor • Tel. 533 89 58 • www.flosz.at • Mo-Fr 11-24, Sa 17-24 Uhr • €€

Pfudl F 3
Wiener Gasthaus • Original Wiener Küche mit hervorragendem Preis-Leistungs-Verhältnis findet man in diesem Lokal im I. Bezirk: Wer noch Zweifel hat, probiere das faschierte Kalbsbutterschnitzel, das einem auf der Zunge zergeht.
I., Bäckerstr. 22 • U-Bahn: Stubentor • Tel. 5 12 67 05 • www.gasthauspfudl.com • tgl. 10-24 Uhr • €€

BEISLN
Meixner's Gastwirtschaft F 6
Spezialitäten aus der Region • Hinter dem Amalienbad liegt diese alteingesessene Wiener Wirtschaft: Beste Zutaten werden von Berta Meixner edel zubereitet, ihr Ehemann Karl sorgt in der Zwischenzeit für die Getränkeauswahl.
X., Buchengasse 64 • U-Bahn: Reumannplatz • Tel. 6 04 27 10 • www.meixners-gastwirtschaft.at • Di-Sa 11-23 Uhr, So 11-16 Uhr • €€

Ubl E 5
Authentisch • In diesem urigen Lokal, ganz in der Nähe des Naschmarkts gelegen, werden die Gäste von deftigen Köstlichkeiten wie gerösteter Leber, Beinfleisch oder Blunzen (Blutwurst) angelockt.
IV., Preßgasse 26 • U-Bahn: Kettenbrückengasse • Tel. 5 87 64 37 • Mi-So 12-14 und 18-24 Uhr • €

Weibels Wirtshaus F3
Urig • Günstige Tagesteller und dazu eine einmalige Auswahl österreichischer Weine – auch glasweise.
I., Kumpfgasse 2 • U-Bahn: Stephansplatz • Tel. 5 12 39 86 • www.weibel.at • tgl. 11.30–24 Uhr • €€

BRAUHÄUSER UND BIERGÄRTEN

Medl-Bräu A5
Bier hausgemacht • Die Brauerei ist das Lokal, der Gastgarten sehr gemütlich. Das Medl-Bräu ist zweifellos etwas ganz Besonderes – nämlich der erfüllte Traum des Lottogewinners Johann Medl: Mit dem Geld der Glücksfee begann er, sein eigenes süffiges Bier zu brauen.
XIV., Linzer Str. 275 • Straßenbahn: Gruschaplatz • Tel. 9 14 43 40 • www.medl-braeu.at • Mo–Sa 10–24 Uhr • €

Plachutta's Grünspan A2
Schönster Biergarten • Das Grünspan hat den wohl schönsten Biergarten der Stadt, zum Trinken wird das Bier der alteingesessenen Ottakringer Brauerei serviert und als »Unterlage« gibt es schmackhafte Wirtshausküche.
XVI., Ottakringer Str. 266 • Straßenbahn: Erdbrustgasse • Tel. 4 80 57 30 • www.gruenspan.at • tgl. 9.30–0.30 Uhr • €€

Schweizerhaus J2
Schweinshaxen mit Budweiser • Im klassischen Prater-Wirtshaus (seit 1873) serviert man Budweiser vom Fass, dazu Wiener Schweineschnitzel mit Salat. Bekannt ist das Haus aber vor allem für seine gegrillten Stelzen (Schweinshaxen). Im Sommer großer Gastgarten.
II., Prater 116 • U-Bahn: Praterstern • Tel. 7 28 01 52 • www.schweizerhaus.at • tg. 11–23 Uhr, Nov.–Mitte März geschl. • €

CAFÉ-KONDITOREIEN

Demel E3
Das Mehlspeisparadies • Wer an exzellente Wiener Mehlspeisen denkt, der denkt an Demel. Von der Sachertorte bis zur Schwarzwälder Kirsch – alle teuren Leckereien gibt es auch zum Mitnehmen. Das barocke Ambiente ist noch immer ein bevorzugter Treffpunkt gesetzter älterer Damen mit kleinem Hund.
I., Kohlmarkt 14 • U-Bahn: Herrengasse • Tel. 5 35 17 17 • www.demel.at • tgl. 9–19, 24. Dez. 9–14 Uhr

Kurkonditorei Oberlaa F3
Fantasievolle Torten • Die Stadtfiliale der renommierten Kurkonditorei gilt als beste ihrer Art in ganz Österreich.
I., Neuer Markt 16 • U-Bahn: Stephansplatz • Tel. 5 13 29 36-0 • www.oberlaa-wien.at • tgl. 8–20 Uhr

EISDIELEN

Tichy F6
Einzigartige Eiskreationen • Immer noch eine echte Institution. Hier gibt es das beste hausgemachte Eis von Wien – und das seit Jahrzehnten in unveränderter Qualität.
X., Reumannplatz 13 • U-Bahn: Reumannplatz • Tel. 6 04 44 46 • tgl. 10–23 Uhr, Okt.–März geschl.

Zanoni & Zanoni F3
Große Auswahl • Der beste italienische Eissalon Wiens befindet sich im »Bermuda-Dreieck«: Vom Eis bis zum Personal ist alles »tipico italiano«.
I., Lugeck 7 • U-Bahn: Stephansplatz • Tel. 5 12 79 79 • www.zanoni.co.at • tgl. 7–24 Uhr

In der Hofzuckerbäckerei Demel (▶ S. 35) kam die erste Sachertorte aus dem Backofen. Im Hintergrund die Kuppel der Hofburg (▶ S. 70).

HEURIGE UND WEINLOKALE

Mayer am Pfarrplatz   F1
Beethovens Wohnhaus • In diesem Haus verbrachte Beethoven im Jahr 1817 einige Monate. Heute ist hier im Garten unter Kastanienbäumen einer von Wiens Nobelheurigen beheimatet. Es werden hervorragende Weine und süße und pikante Strudel vom Buffet angeboten.
XIX., Pfarrplatz 2 • Bus: Fernsprechamt Heiligenstadt Pfarrplatz • Tel. 3 70 12 87 • www.pfarrplatz.at • Mo–Fr 16–24, Sa, So ab 12 Uhr

Weingut Wieninger   K1
Gemischter Satz • Auf biodynamisch stellte im Jahr 2008 Wiens vielleicht renommiertester Winzer um: Fritz Wieninger. Und er macht sich für den »Wiener Gemischten Satz« stark: den traditionellen Wein, der aus den bis zu 15 Sorten, die im Rebberg wachsen, vinifiziert wird. Verkosten kann man die Wieninger-Weine im Heurigen von Bruder Leo oder in der Buschenschank am Nussberg.
XXI., Stammersdorferstr. 78 • Tel. 2 92 41 06 • www.heuriger-wieninger.at • wechselnde Öffnungszeiten

Wieno   D3
Wiener Wein pur • In dieser Weinbar neben dem Rathaus findet man 60 Weine von 18 Wiener Winzern, dazu ein deftiges Heurigenbuffet, mediterrane Antipasti oder einen täglich wechselnden Tagesteller.
I., Lichtenfelsgasse 3 • U-Bahn: Rathaus • Tel. 0676/6 46 14 03 • www.wieno.info • Mo–Fr 11.30–24, Sa 15.30–24 Uhr

Zwölf-Apostelkeller   F3
Uriger Stadtheuriger • Teile des Gewölbes in diesem Stadtheurigen sind 900 Jahre alt, die Fassade stammt von Lukas von Hildebrandt.

I., Sonnenfelsgasse 3 • U-Bahn: Stephansplatz • Tel. 5 12 67 77 • www.zwoelf-apostelkeller.at • tgl. 11–24 Uhr, 24. Dez. geschl.

KAFFEEHÄUSER

Café Central E3
Melange unter Säulen • Böse Zungen behaupten, dies sei die Disney-Version eines Kaffeehauses. Doch wer nicht unbedingt ein echtes Wiener Café sucht, dem wird die Innenarchitektur mit Säulenhalle gefallen.
I., Herrengasse/Strauchgasse (im Palais Ferstel) • U-Bahn: Herrengasse • Tel. 5 33 37 63/24 • www.palaisevents.at • Mo–Sa 7.30–22, So und Feiertag 10–22 Uhr

Café Museum E4
Jugendstil • Hier waren schon Klimt, Schiele und Musil zu Gast: Ursprünglich wurde das Interieur nach Plänen von Adolf Loos geschaffen, im Jahr 1931 wurden Teile durch gemütlichere Möbel von Josef Zotti ersetzt. Gute Mittagsmenüs!
I., Opperngasse 7 • U-Bahn: Karlsplatz • Tel. 24 10 06 20 • www.cafemuseum.at • tgl. 8–24 Uhr

Hawelka E3
Legendäres Künstlercafé • Das wohl berühmteste Kaffeehaus der Stadt, von Liedermacher Georg Danzer besungen. An den Wänden hängen Bilder, mit denen Künstler einst ihre Rechnungen bezahlt haben.
I., Dorotheergasse 6 • U-Bahn: Stephansplatz • Tel. 5 12 82 30 • www.hawelka.at • Mo–Sa 8–1, So 10–1 Uhr

Landtmann E2
Politikertreff • Sehr gediegen, viel Flair, man kann aber immer noch in Ruhe Zeitung lesen. Die Melange ist hier aber eine größere Investition.
I., Universitätsring 4 • U-Bahn: Rathaus • Tel. 224 10 01 00 • www.landtmann.at • tgl. 7.30–24 Uhr

Meinl's Café A1
Modern mit Stil • Mit 35 verschiedenen Kaffeevariationen interpretiert das Meinl Café die traditionelle Wiener Kaffeehauskultur im besten Sinne. Je nach Kaffeesorte gibt es die traditionelle Zubereitungsart – bis hin zur fast vergessenen Karlsbader Methode (eine schonende Form des Aufbrühens). Dazu werden Torten aus der hauseigenen Patisserie serviert. Gastgarten am Kohlmarkt.
I., Graben 19 • U-Bahn: Stephansplatz • Tel. 5 32 33 34 63 00 • www.meinlamgraben.at • Mo–Fr 8–19.30, Sa 9–18 Uhr

Sperl E4
Wiens schönstes Kaffeehaus • Traditionelle Mehlspeisen und Wiener Küche in unvergleichlichem Ambiente. Ein Teil gehört den Zeitungslesern, der andere den Billardspielern.
VI., Gumpendorfer Str. 11 • Straßenbahn: Köstlergasse • Tel. 5 86 41 58 • www.cafesperl.at • Mo–Sa 7–23, So 11–20 Uhr (Juli und Aug. So geschl.)

FotoTipp

PANORAMABILD MIT TRAUBEN

Einen der schönsten Blicke auf Wien hat man vom Nussberg aus: Steht man vor der Buschenschank des Weinguts Wieninger zwischen den Reben, bietet sich ein Motiv, das Stadtpanorama, Wienerwald und Rebberge vereint. ▶ S. 36

Einkaufen

Alles da – vom kleinen Laden in der City bis zum durchgestylten Einkaufszentrum am Stadtrand. Einen Besuch wert sind auch die zahlreichen Märkte mit ihren originellen Angeboten.

◄ Bei Meinl am Graben bekommt man neben dem bekannten Kaffee Delikatessen aus aller Welt (▶ S. 42).

Den Ruf einer Einkaufsmetropole wie Paris, Mailand oder London genießt Wien zwar nicht unbedingt – meist kommt man eher der Kultur wegen in die Donaustadt. Wenn man Mode will, muss man jedenfalls nicht unbedingt nach Wien, aber man kann: Mit Fred Adlmüller oder Helmut Lang hat die Stadt zwei namhafte Modeschöpfer hervorgebracht. Sie können sich auch bei den innovativeren Modellen junger österreichischer Designer umschauen oder klassische österreichische Tracht bzw. handgefertigte Schuhe als Souvenir mit nach Hause nehmen.

Von Möbeldesign bis Porzellanmanufaktur

Hervorragendes eigenständiges Design findet man darüber hinaus bei Schmuck, Accessoires und Möbeln, teilweise antiken Biedermeier- und Jugendstilmöbeln, die allerdings auch ihren Preis haben.

Wer Billiges erwerben will, geht am besten auf den Flohmarkt, allerdings stößt man selten auf Raritäten; die haben meist schon einen Kenner gefunden, bevor sie hier landen. Eine Besonderheit ist natürlich das Dorotheum: Dort kann man Kunst und Möbel zu einem angemessenen Preis ersteigern oder in einem der Geschäfte käuflich erwerben.

Die renommierte Porzellanmanufaktur Augarten hat in Wien ihren Stammsitz; hier werden auch kleine Mitbringsel wie Porzellan-Lipizzaner hergestellt. In Sachen Sport haben die Wiener Geschäfte viel zu bieten: Österreichische Skier und Wintersportmode genießen Weltruf, ebenso Jagdwaffen und -ausrüstung. Was man in Wien immer kaufen kann und auch sollte, sind hervorragende kulinarische Produkte aus der Region wie Käse, Speck, Schnäpse oder Wein und Sekt: Eine Flasche Riesling aus dem Anbaugebiet im Norden Wiens oder eine Flasche Apfelessig der Essigmanufaktur Gegenbauer am Naschmarkt sind Mitbringsel, die garantiert gute Erinnerungen an Wien wach halten.

Die Mitarbeiter der Geschäfte sind normalerweise von 9 bis 18, teils von 9 bis 19 Uhr für ihre Kunden da, am Samstag meist von 9 bis 17 Uhr. Es gibt aber auch abweichende Regelungen; etliche Shops bleiben an bestimmten Tagen bis 20 Uhr geöffnet oder sperren erst um 10 Uhr auf.

ANTIQUITÄTEN

Alt-Österreich 📕 F3

In diesem kleinen Kellergeschäft in der Nähe des Café Frauenhuber findet man alles über Film und Theater, Autogramme, Postkarten, Bücher und Relikte aus der K.-u.-k.-Zeit.
I., Himmelpfortgasse 7 • U-Bahn: Stephansplatz

Dorotheum 📕 E3

Eines der größten und ältesten Auktionshäuser der Welt für Kunst, Möbel und Schmuck mit mehr als 600 Auktionen pro Jahr, gegründet 1707 von Kaiser Joseph I. Gehen Sie ruhig hinein, und sehen Sie bei einer Versteigerung zu – das ist meist sehr erbaulich. Bei »Tante Dorothee«, wie die Wiener ihre Pfandleihanstalt liebevoll nennen, kann man einkaufen wie in einem ganz normalen Geschäft. Inzwischen wird auch via Internet versteigert.

Produkte junger Möbeldesigner kaufen und nebenbei einen Topfenstrudel essen: Bei das möbel (▶ S. 41) ist das kein Problem.

I., Dorotheergasse 17 • U-Bahn: Herrengasse • www.dorotheum.at

Galerie Holzer   D 4
Auf Jugendstil- und Art-déco-Möbel, -spiegel und -lampen hat sich die Galerie Holzer spezialisiert. Neben Originalstücken findet man auch Neuanfertigungen und Maßmöbel.
VII., Siebensterngasse 32 • U-Bahn: www.galerieholzer.at • Mo–Fr 10–12, 14–18, Sa 10–17 Uhr

BÜCHER

Frick   E 3
Große Auswahl an Literatur, Fach- und Sachbüchern, aber auch CDs und Videos auf drei Etagen.
I., Graben 27 • U-Bahn: Stephansplatz • www.buchhandlung-frick.at

Kuppitsch   E 2
Die älteste Buchhandlung Wiens mit deutsch- und fremdsprachiger Literatur, Zeitschriften und Tonträgern für klassische Musik und Kabarett.
I., Schottengasse 4 • U-Bahn: Schottentor • www.kuppitsch.at

Leporello   F 3
Von Rotraud Schöberl mit sehr viel Sachkenntnis geführte Buchhandlung am Stephansplatz. Die kleine Filiale im Burgtheater hat an Theatertagen eine Stunde vor Vorstellungsbeginn geöffnet.
I., Singerstr. 7/Churhausgasse • U-Bahn: Stephansplatz • www.leporello.at

GESCHENKE

Alles Seife   E 4
Handgemachte Naturseifen und Badekosmetik findet man in diesem Shop am Naschmarkt – in großer Auswahl. Die Grundprodukte sind ätherische Öle und Rohstoffe aus biologischer Landwirtschaft.

IV., Naschmarkt 54 • U-Bahn: Kettenbrückengasse • www.allesseife.at

Altmann & Kühne F3

Köstliches handgefertigtes Konfekt in fantasievoller Verpackung, zum Beispiel in geschmackvoll bemalten Schmuckschatullen, Nähkästchen oder Hutkoffern.

I., Graben 30 • U-Bahn: Stephansplatz • www.altmann-kuehne.at

Lobmeyr F3

Ob edle Kristallgläser, fantasievolle Trinkbecher oder die Kronleuchter der Wiener Staatsoper – alles stammt aus der traditionsreichen Glasmanufaktur Lobmeyr. Im angeschlossenen kleinen Museum kann man die Geschichte der Glasbläserkunst verfolgen – natürlich am Beispiel der seit 1823 existierenden Firma Lobmeyr. Die Front des Hauses ist übrigens eines der letzten original erhaltenen Geschäftsportale der Kärntner Straße.

I., Kärntner Str. 26 • U-Bahn: Stephansplatz • www.lobmeyr.at

MAK Design Shop G3

Junges österreichisches Design findet man im Laden des Museums für Angewandte Kunst: von Buchstützen über Feuerzeuge und Postkarten bis hin zu Lampen. Das Sortiment wechselt schnell, öfter vorbeizuschauen lohnt sich also durchaus.

I., Stubenring 5 • U-Bahn: Stubentor • www.mak.at

das möbel D3

In diesem Café kann man nicht nur seine Melange und ein Stück Torte genießen, sondern die Einrichtung und die Accessoires, die von jungen Designern gestaltet sind, auch gleich kaufen. Alle paar Monate wird das Sortiment ausgetauscht.

VII., Burggasse 10 • U-Bahn: Volkstheater • www.dasmoebel.at • tgl. 10–24 Uhr, im Sommer Mo–Sa 14–23, So 10–23 Uhr

KAUFHÄUSER

Ringstraßen-Galerien F4

Die Gebäude der Ringstraße wurden zu einer Einkaufspassage der gehobenen Klasse verbunden: Spitzen-Haute-Couture, Schmuck und auch Accessoires sind hier zu erwerben. In Bars und Cafés kann man in überdachten Lichthöfen Pianomusik lauschen, oder man flaniert einfach entspannt durch die Gänge des stolzen Palais am Ring.

I., Kärntner Ring • U-Bahn: Oper/Karlsplatz • Straßenbahn: Kärntnerstraße • www.ringstrassen-galerien.at

Steffl F3

Mit dem Steffl hat Wien sein Jahrhundertwende-Kaufhaus im neuen Kleid zurückerhalten: Auf 14 000 qm findet man Trachtenmode, Avantgarde, Designer aus London, Paris und Wien, Accessoires, einen Mediashop und Wiener Kunsthandwerk. Auch kulinarische Genüsse dürfen nicht zu kurz kommen: In der obersten Etage laden ein Nobelrestaurant und die nette Sky-Bar zu einem Blick über Wien ein.

⭐ MERIAN Tipp

MODEMEILE LINDENGASSE
E3

Mode, Möbel und Schmuck gibt es im VII. Bezirk – das meiste stammt von jungen Wiener Designern. ▶ S. 19

I., Kärntner Str. 19 • U-Bahn: Stephansplatz • www.steffl-vienna.at

Stilwerk 📕 G 2
Das Designcenter Stilwerk mit rund 30 Shops liegt direkt am Donaukanal. Das 18 Stockwerke hohe Gebäude – entworfen vom französischen Architekten Jean Nouvel – vereint auf vier Ebenen Möbel, Wohnaccessoires, Geschenkartikel, Leuchten und Mode, unter anderem vom Modedesigner Nhut La Hong, Restaurants und ein Hotel. Die Schweizer Künstlerin Pipilotti Rist schuf die Lichtdecken im Inneren, im Innenhof sorgt eine Grüne Wand genannte begrünte Stahlkonstruktion von Patrick Blanc für Aufsehen. Die Außenfassaden haben je nach Himmelsrichtung und Tageszeit eine andere Farbe.
II., Praterstraße 1 • U-Bahn: Schwedenplatz • www.stilwerk.at

FÜR KINDER
Herzilein Wien 📕 C 4
Shop mit handgearbeiteter Kindermode und italienischen Schuhen für die Kleinen; passende Bekleidung und Accessoires für die Mama gibt es hier natürlich auch.
I., Wollzeile 17 • U-Bahn: Stubentor • www.herzilein-wien.at

LEBENSMITTEL
🌱 Biobauernhof Steindl 📕 H 3
Verkauft werden auf dem Biobauernhof der Familie Steindl in Stammersdorf neben Weinen, Traubensaft, Speck und Wurst auch Eier, Obst und Gemüse aus der eigenen Landwirtschaft. Eine ganz besondere Spezialität sind die Edelbrände aus Früchten, z. B. Marille, Pfirsich, aber auch Kirsch.
XXI., Stammersdorferstr. 67 • Straßenbahn: Stammersdorf • Tel. 2 90 78 19 • www.ambrossteindl.wordpress.com • Do–Sa 8–12 Uhr

Essigbrauerei Gegenbauer 📕 H 3
Dass die Herstellung von Essig eine echte Kunst ist, erfährt man in der Essigbrauerei Gegenbauer: Es gibt Weinessig, Fruchtessig, Bier/Malz-Essig und noch vieles mehr. Alle Produkte (auch Öle und Kaffee) kann man beim Gegenbauer-Stand am Naschmarkt verkosten – und natürlich auch kaufen.
IV., Naschmarkt, Stand-Nr. 110 • U-Bahn: Kettenbrückengasse • www.gegenbauer.at

Meinl am Graben 📕 E 3
Feinkostgeschäft mit angeschlossenem Gourmetrestaurant. Gute Qualität zu moderaten Preisen, auch eine große Auswahl an Weinen.
I., Graben 19 • U-Bahn: Stephansplatz • www.meinlamgraben.at

Schlumberger Sektkellerei
▶ S. 103, f 3
Bei Schlumberger wird seit mehr als 300 Jahren Sekt nach der traditionellen Flaschengärmethode erzeugt. Einen Blick in die weitläufigen Keller der ältesten Sektkellerei Österreichs – inklusive Verkostung – kann man im Rahmen einer Führung wagen.
XIX., Heiligenstädter Straße 39 • U-Bahn: Spittelau • Tel. 3 68 22 58-0 • www.schlumberger.at • Mi 11–21.30, Do–Sa 11–18, Führungen jew. 16 Uhr (inkl. 1 Glas Sekt) • Eintritt 9 €

Schönbichler 📕 F 3
Traditionelle Teehandlung mit zauberhaftem Ambiente; über 150 Sorten aus aller Welt sowie Zubehör

und handverlesene Spirituosen sind im Angebot.
I., Wollzeile 4 • U-Bahn: Stephansplatz • www.schoenbichler.at

Trześniewski F 3
Auch wenn der Name ein Zungenbrecher ist, die weltbekannten Brotaufstriche und kleinen Snacks (die es auch zum Mitnehmen gibt) sind jedoch wirklich reine Poesie. Es gibt sechs Filialen, darunter:
I., Dorotheergasse 1 • U-Bahn: Stephansplatz • www.trzesniewski.at

Xocolat E 2
Werner Meisinger hat die Schokoladenkultur in Wien salonfähig gemacht: Mehr als 130 Sorten Schokolade werden in diesem Geschäft angeboten. Daneben gibt es noch Dragees, Konfekt und Trinkschokolade, kurz: Für jeden süßen Gaumen ist hier etwas dabei.
I., Freyung 2 • U-Bahn: Herrengasse • www.xocolat.at

LEDERWAREN
Lederwaren-Manufaktur Thomas Hicker B 1
Seit mehr als einem halben Jahrhundert werden hier Lederwaren in Top-Qualität produziert. Selbst der Sultan von Brunei und der jordanische König schätzen die Wiener Qualitätsarbeit.
XII., Schönbrunnerstr. 293 • U-Bahn: Schönbrunn • www.thomas-hicker.at

R. Horn's Wien E 3
In zwei Shops im I. Bezirk werden attraktive handgemachte Stücke von österreichischen und internationalen Designern offeriert. Ein reiches Angebot an Accessoires für Damen und Herren.
I., Bräunerstr. 7/Mahlerstr. 5 • U-Bahn: Herrengasse • www.rhorns.com

Auf der Galerie der Teehandlung Schönbichler (▶ S. 42) können die Gäste erlesene Tees mit englischen Scones oder Gurkensandwiches verkosten.

Edle Textilien findet man am Graben, in der Kärntner Straße und – wie hier – am Kohlmarkt. Im Hintergrund die Michaelerkirche in der Hofburg (▸ S. 70).

Living Vienna 📖 A 6
Taschen, Schmuck, Wohndekoration und Möbel aus der ganzen Welt. I., Franziskanerplatz 6 • U-Bahn: Stephansplatz • www.livingvienna.at

MÄRKTE
🌿 **Biobauernmarkt Freyung**

📖 E 2
Europas größter Biobauernmarkt geht Freitag und Samstag im zweiwöchigen Rhythmus auf der Freyung in Wiens I. Bezirk über die Bühne. Neben den klassischen Produkten aus biologischer Landwirtschaft gibt es hier auch Besonderheiten zu finden wie Rosenmarmelade und -kosmetik, Bioseifen, Wolle und Felle. Oder man spaziert einfach zwischen den »Standeln« und kostet hier und da.
I., Freyung • www.biobauernmarkt-freyung.at • Fr, Sa 9–18 Uhr

Brunnenmarkt 📖 B 2
Hier trifft sich das multikulturelle Wien – in Wiens vielfältigem Bezirk Ottakring.

XVI., Brunnengasse/Yppengasse • U-Bahn: Josefstädter Straße • Mo–Fr 6–19.30, Sa 6–17 Uhr

Flohmarkt D 5
Der schönste und größte Flohmarkt der Stadt wird jeden Samstag (außer an Feiertagen) zwischen 6.30 und 18 Uhr an der Wienzeile abgehalten, gleich hinter dem Naschmarkt. Neben alten Möbeln, Schmuck, Büchern und Schallplatten sind auch haufenweise alte, teils recht ausgefallene Klamotten im Angebot. Aber auch wer nichts kaufen möchte: Allein das Bummeln zwischen den »Standl'n« lohnt sich.
V., Wienzeile • U-Bahn: Kettenbrückengasse

Karmelitermarkt F 2
Exotische Gewürze und auch allerlei Tand gibt es auf diesem Markt nahe der Altstadt.
II., Krummbaumgasse • Straßenbahn: Karmeliterplatz

Markt auf der Freyung E 2
Der Lebensmittelmarkt im I. Bezirk findet jeden Dienstag und Donnerstag von 10 bis 18.30 Uhr (Mai bis November) statt; ein Biobauernmarkt baut seine Stände von Februar bis November jeden 1. und 3. Freitag und Samstag im Monat von 9 bis 18 Uhr auf.
I., Freyung • U-Bahn: Herrengasse

Naschmarkt E 4
Wiens traditioneller Marktplatz blüht hier seit dem Jahr 1916. Blunz'n (Blutwurst) und Wildschweinschinken, Käse aus ganz Europa, im Eichenfass vergorener Apfelessig mit Honig und natürlich frisches Obst und Gemüse – hier gibt es alles, was das kulinarische Herz begehrt. Die Standlbetreiber sind zwar meist nicht mehr die urigen alten Marktweiber von einst, aber dafür atmet der Naschmarkt wieder das Flair des einstigen Vielvölkerstaats der Donaumonarchie.
Das beste Lokal, um nach dem Marktbummel auszuruhen und einen kleinen Braunen zu trinken, ist das Café Drechsler (▶ S. 51) gleich daneben an der Linken Wienzeile.
III., Naschmarkt • U-Bahn: Pilgrimgasse oder Kettenbrückengasse

MODE
Amicis F 3
In diesem edlen Store im I. Bezirk findet man neben Top-Marken aus aller Welt die neueste Damenkollektion von Helmut Lang – Österreichs Modeschöpfer Nummer 1.
I., Tuchlauben 11 • U-Bahn: Stephansplatz • www.amicis.at

Atil Kutoglu A 6
1968 in Istanbul geboren, ließ sich der Modeschöpfer Atil Kutoglu in Wien nieder und kleidet seither Showgrößen wie Catherine Zeta-Jones, Demi Moore und Sonja Kirchberger ein.
I., Habsburgergasse 10 • U-Bahn: Stephansplatz • www.atilkutoglu.com

Göttin des Glücks – Das Studio D 4
Ein Kollektiv von Designern verarbeitet Fair-Trade-zertifizierte Baumwoll- und Jerseystoffe zu hochwertiger Mode. Einen weiteren Shop gibt es auch noch in der Operngasse 32 im IV. Bezirk.
VII., Kirchengasse 17 • U-Bahn: Museumsquartier • www.goettindesgluecks.at

Hartmann 📖 F3

Handgefertigte Brillen in bemerkenswertem Design (nicht nur) für Mutige und Extravagante gibt es hier zu entdecken. Auch Kämme und Bürsten aus Horn und Holz in allen Farben und Formen werden angeboten. Die meisten Produkte stammen aus eigener Produktion, andere von internationalen Größen.
I., Singerstr. 8 (Eingang Liliengasse) • U-Bahn: Stephansplatz • www.hartmann-brilliance.com

Knize 📖 F3

Traditionsreicher Damen- und Herrenschneider. Neben teuren Maßanfertigungen gibt es auch preiswertere Sakkos und Hemden von der Stange. Die prachtvolle Einrichtung stammt von Adolf Loos und Paolo Piva.
I., Graben 13 • U-Bahn: Stephansplatz • www.knize.at

Nachbarin 📖 D4

Entzückende Taschen und Mäntel von teils renommierten, teils aufstrebenden europäischen Designern.
VI., Gumpendorferstr. 17 • U-Bahn: Museumsquartier • www.nachbarin.co.at

Plankl 📖 E3

Wiens ältestes Geschäft für Loden- und Trachtenkleidung aus dem Jahr 1830. Große Auswahl an klassischer Trachtenmode – alles nur von den besten österreichischen Herstellern, z. B. Geiger oder Giesswein aus Tirol.
I., Michaelerplatz 6 • U-Bahn: Herrengasse • www.loden-plankl.at

Tostmann 📖 E2

In den Gewölben des Melkerhofs: klassische Trachten, Loden und alles, was zum Landhausstil passt.
I., Schottengasse 3a • U-Bahn: Herrengasse oder Schottentor • www.tostmann.at

Vivibag 📖 A1

Der Name ist Programm: Vor allem Taschen aus eigener Produktion, aber auch lustig-kitschige Accessoires und Modeunikate österreichischer Jungdesignerinnen findet man in diesem kleinen feinen Shop von Olivia Riedelbauer.
VII., Richtergasse 8 • U-Bahn: Neubaugasse • www.vivibag.at

MUSIK

ORF-Shop 📖 F5

Musikalische und literarische Eigenproduktionen des ORF, vor allem des ambitionierten Kulturkanals Ö1 und des alternativen Musiksenders FM4, kann man hier neben Sachbüchern, T-Shirts und Plakaten erwerben. Gut sortierter Online-Shop.
IV., Argentinierstr. 30a • U-Bahn: Taubstummengasse • shop.orf.at • Mo–Sa 9–19 Uhr

PORZELLAN UND KERAMIK

Augarten 📖 F1

Die Firma Augarten ist neben Meißen die bekannteste Porzellanmanufaktur Europas. Außer dem Geschäft im I. Bezirk ist das Palais im Augarten sehenswert, wo die Manufaktur untergebracht ist und auch ein Verkauf stattfindet. Hier werden die weltberühmten Porzellan-Lipizzaner hergestellt.
II., Obere Augartenstr. 1 • U-Bahn: Taborstraße • www.augarten.at

SCHMUCK

Heldwein 📖 E2

Heldwein ist das Traditionsgeschäft für klassische Juwelierware schlecht-

hin. Auch kostbare Stücke aus Nachlässen sind im Angebot. Durchweg Qualität, die freilich ihren Preis hat.
I., Graben 13 • U-Bahn: Stephansplatz • www.heldwein.at

Kieback F3
Edler Schmuck im Design des Art déco und Jugendstils – mit dem Originalwerkzeug in Gold und Platin von Hand gefertigt.
I., Parkring 12a (im Hotel Marriott) • U-Bahn: Thaliastraße

A. E. Köchert F3
Schon die funkelnden Edelsteine im Haar der Kaiserin Elisabeth, die auch auf einigen der berühmten Winterhalder-Gemälde zu sehen sind, stammten vom Juwelier Köchert. Der ehemalige k. u. k. Hoflieferant produziert seine Schmuckstücke nun schon in sechster Generation. Das Geschäft am Neuen Markt ist auch aufgrund der zeitgenössischen Linien, die u.a. vom Architekten Hans Hollein gestaltet wurden, einen Besuch wert.
I., Neuer Markt 15 • U-Bahn: Karlsplatz/Oper • www.koechert.at

Schullin E2
In einem Gebäude, das Hans Hollein entwarf, hat sich der Schmuckdesigner Herbert Schullin ein Atelier eingerichtet. Seine Werkstätte steht in der Tradition der Wiener Goldschmiedekunst und produziert moderne österreichische Preziosen.
I., Kohlmarkt 7 • U-Bahn: Herrengasse • www.schullin.com

SCHUHE
Ludwig Reiter E2
In diesem Wiener Traditionsgeschäft (produziert wird seit 1885) erwirbt man handgenähte Schuhe vor allem für Herren, aber auch für Damen – klassisch oder für die Freizeit. Unter den etwa 100 verschiedenen Modellen finden sich aber auch ausgefallene Stücke.
I., Mölker Steig 1 • U-Bahn: Herrengasse • www.ludwig-reiter.com

Rudolf Scheer & Sohn F3
Maßschuhe aus diesem noblen Geschäft gehören in Wien einfach zu einem großen Ball dazu.
I., Bräunerstr. 4 • U-Bahn: Stephansplatz • www.scheer.at

STOFFE
Backhausen F4
Das Textilunternehmen Backhausen lagert in seinem Archiv mehr als 3500 Originalentwürfe für Wohntextilien; ein Teil davon ist im neuen Museum im Untergeschoss zu sehen. Nicht zuletzt war die Firma, die im Jahr 1849 entstanden ist, auch bei der Gründung der Wiener Werkstätte beteiligt.
I., Schwarzenbergstr. 10 • U-Bahn: Karlsplatz • www.backhausen.com

Staltner & Fürlinger F3
Wer aus diesem Geschäft herauskommt, wird es bestätigen: Hier gibt es wirklich »der Welt schönste Stoffe«, wie die Geschäftsinhaber stolz behaupten.
I., Singerstr. 8 • U-Bahn: Stephansplatz • www.staltner.at

WÄSCHE
Per La Donna E2
Verführerisches »Darunter« von Malizia, La Perla u.a., präsentiert in einem würdigen Ambiente.
I., Judenplatz 5 • U-Bahn: Stephansplatz • www.perladonna.at

Am Abend

Klassisches Theater, trendige Bars und Jazzklubs – die Wiener Szene ist lebendiger denn je und okkupiert immer wieder neue Locations, jüngst sogar eine Fußgängerunterführung.

◂ Die Loos Bar (▸ S. 49) ist für viele Wiener ein zweites Wohnzimmer.

Einige Pioniere des »**Bermuda-Dreiecks**« ⭐ – Krah Krah, Salzamt oder Roter Engel – gibt es immer noch, und wenn man das allabendliche Gedrängel sieht, mag man kaum glauben, dass diese Lokale bereits seit über 20 Jahren angesagt sind. Zwei der neueren Errungenschaften der Barszene sind in geschichtsträchtigen Teilen der Stadt entstanden: Eine Biergartenszene hat sich im alten AKH etabliert, und eine Reihe trendiger Lokale entstand in den Bögen der Stadtbahn am Gürtel – was gleichzeitig eine Revitalisierung des dortigen Rotlichtbezirks bedeutet.

Von der Burg zum Heurigen

Aber Wien hat natürlich weit mehr zu bieten als Bars, Diskotheken und Beisln. Gerade die Kultur zieht ja verstärkt Gäste nach Wien: Seien es die klassischen Aufführungen in der Staatsoper, das renommierte Burgtheater, zugkräftige Musicals im Theater an der Wien oder schwungvolle Operetten in der Volksoper – das Programm ist vielfältig. Dazu kommt noch eine Reihe von Programmkinos und – im Sommer – die viel besuchten Freiluftkinos im Augarten, in der Arena oder am Rathausplatz. Und es soll noch Leute geben, die den Tag am liebsten beim Heurigen ausklingen lassen …

BARS

Café Stein/Steins Diner 👫 📖 C1
Das Langschläferfrühstück (7–20 Uhr) ist für manchen Wiener die wichtigste Mahlzeit des Tages. Schon in aller Früh wird dabei diskutiert und geschlemmt. Richtig viel los ist allerdings erst abends im Steins Diner.
IX., Währinger Str./Kolingasse • U-Bahn: Schottentor • www.cafe-stein.com • Mo–Sa 8–1, So 9–1 Uhr

Loos American Bar 📖 F3
Ein Meisterwerk des Architekten Adolf Loos aus dem Jahre 1908: Stilvoller als in dieser Atmosphäre lässt sich ein Cocktail kaum genießen. Über die Preise in dieser wohl schönsten Bar der Stadt sollte man allerdings aufgrund des Ambientes hinwegsehen.
I., Kärntner Str. 8–10 (im Durchgang) • U-Bahn: Stephansplatz • www.loosbar.at • Do–Sa 12–5, So–Mi 12–4 Uhr

lutz 📖 D4
Vor einem Einkaufsbummel durch die Mariahilfer Straße oder die trendigen Shops des VIII. Bezirks kann man hier frühstücken, ab Mittag bis in den späten Abend hinein auch speisen. Wer dann noch nicht genug hat, steigt hinunter ins lutz – der Club, um bis in den frühen Morgen abzutanzen.
VI., Mariahilfer Str. 3 • U-Bahn: Museumsquartier • www.lutz-bar.at • Mo–Do 8–2, Fr 8–4, Sa 9–4, So 10–17 Uhr

Szigeti Sektcomptoir 📖 E4
Nahe dem Naschmarkt, im Freihausviertel, hat die Burgenländer Sektkellerei Szigeti eine kleine Bar eröffnet. Nebenan kann man den Sekt auch gleich käuflich erwerben – zu Ab-Hof-Preisen.
IV., Schleifmühlgasse 19 u. 23 • U-Bahn: Kettenbrückengasse • www.sektcomptoir.at • Mo–Do 17–23, Fr 15–23, Sa 12–23 Uhr • €

Das Café Leopold (▶ S. 51) eignet sich gleichermaßen für eine Pause nach dem Museumsbesuch wie auch für lange wilde Abende.

Volkstheater Rote Bar　　D 3
Im Obergeschoss des Volkstheaters (eigener Eingang neben dem Haupteingang) findet man diesen stilvollen Wiener In-Treff: An einer Bar gibt es entspannte Musik und von Zeit zu Zeit auch Konzerte oder Lesungen.
VII., Neustiftgasse 1 • U-Bahn: Volkstheater • www.volkstheater.at • tgl. 18.30–1 Uhr

CLUBS UND DISKOTHEKEN

Flex　　E 1
Die fettesten Bässe, die besten DJs und Liveauftritte – gute Argumente, um die Tanzfläche am Donaukanal zu füllen. Ins Flex gelangt man über die Abgänge an der Augartenbrücke und hinter der U-Bahn-Station Schottenring.
I., Donaukanal-Promenade • U-Bahn: Schottenring • www.flex.at • tgl. 21–4 Uhr, Café 18–3 Uhr

Prater Dome　　H 1
Wiens bei Weitem größte Disco. In dieser »Nachterlebniswelt« am Prater-Vorplatz finden bis zu 5000 Menschen Platz. Musikalisch gibt es für fast jeden Geschmack etwas.
II., Riesenradplatz 7 • U-Bahn: Praterstern • www.praterdome.at • Do–Sa ab 22 Uhr

U4　　B 1
Beim Eingang zur U-Bahn Nummer 4 gelegen, verströmt die Disco noch immer etwas von der Atmosphäre der späten 70er-Jahre, als sie sich als New-Wave- und Punk-Schuppen einen Namen gemacht hat. Heute tanzt man hier zu Musik jeder Couleur, und hin und wieder gibt's auch ein Livekonzert.
XII., Schönbrunner Str. 222 • U-Bahn: Meidlinger Hauptstraße • www.u-4.at • Mo 22–4, Di–So 22–5 Uhr

Volksgarten E 4
Ein Tanzpavillon im Stil der 50er-Jahre und Wiens erste Adresse fürs Clubbing. Neben Gastspielen namhafter DJs (House, Techno) wechselnde Events, entweder im Volksgarten-Pavillon oder in der Disco.
I., Burgring 1 • U-Bahn: Volkstheater • Tel. 5 32 42 41 • www.volksgarten.at • 22–4 Uhr (je nach Veranstaltung)

WUK D 1
Altbewährt und noch immer angesagt: Auf über 12 000 qm wird im Werkstätten- und Kulturhaus nicht nur Livemusik jeder Schattierung geboten, hier gibt es auch »Räume für Kinder, Künste und Kulturen ...«.
IX., Währinger Str. 59 • U-Bahn: Währinger Straße/Volksoper • Tel. 40 12 10 • www.wuk.at

KINOS
Burgkino E 4
Im ältesten Kino der Stadt erwartet Sie ein anspruchsvolles Programm; alle Filme in Originalsprache.
I., Opernring 19 • U-Bahn: Karlsplatz/Oper • Tel. 5 87 84 06 • www.burgkino.at

Österreichisches Filmmuseum
 E 3
Ein Leckerbissen für Cineasten in einem runderneuerten Kinosaal mit 163 komfortablen Polstersesseln.
I., Augustinerstr. 1 • U-Bahn: Karlsplatz/Oper • Tel. 5 33 70 54 • www.filmmuseum.at • Juli und Aug. geschl.

Votivkino D 1
Hier genießt man die Filme noch in einem schönen alten Saal. Anspruchsvolles Programm und viele Originalfassungen.
IX., Währinger Str. 12 • U-Bahn: Schottentor • Tel. 3 17 35 71 • www.votivkino.at

KNEIPEN UND LOKALE
Alt Wien F 3
Tagsüber Kaffeehaus, abends Beisl. Dann wird die Stimmung ausgelassener, die Musik lauter, die Gäste sind jünger. Legendäres Gulasch.
I., Bäckerstr. 9 • U-Bahn: Stubentor • So–Do 10–2, Fr–Sa 10–4 Uhr

Amerlingbeisl D 4
Mitten am Spittelberg ein Hort der Alternativkultur – und das seit Jahrzehnten: Im Gastgarten oder im Lokal des Kulturzentrums lässt es sich aber auch günstig und gut essen und trinken. Wiener Frühstück gibt es bis 15 Uhr um 5,90 €.
VII., Stiftgasse 8 • U-Bahn: Museumsquartier • www.amerlingbeisl.at • Tel. 5 26 16 60 • tgl. 9–2 Uhr • €

Café Drechsler E 4
In modernem Terence-Conran-Design ist der traditionelle Frühmorgenstreff der Naschmarkt-Standler wiederauferstanden: Hier gibt's Kaffee, kleine Gerichte und einen Mittagstisch. Und nach wie vor hat das Lokal 23 Stunden am Tag geöffnet.
VI., Linke Wienzeile 22 • U-Bahn: Karlsplatz • www.cafedrechsler.at • Mo–Do 8–24, Fr, Sa 8–2, So 8–24 Uhr, Juli–Mitte Aug. geschl.

Café Leopold D 4
Das Café im Leopold Museum bietet neben einer entspannten Atmosphäre pfiffige Wiener Küche, DJs am Abend und einen Gastgarten im Herzen des MuseumsQuartiers. Einen besseren Rastplatz kann man kaum finden.

⭐ MERIAN Tipp

CLUBKULTUR 📖 E 4

In der Passage, im Volksgarten oder anderen illustren Plätzen drehen sich die Plattenteller – und Musik gibt's für jeden Geschmack. ▶ S. 19

VII., Museumsplatz 1 • U-Bahn: Museumsquartier • www.cafe-leopold.at • So–Mi 10–2, Do–Sa 10–4 Uhr

Elektro Gönner 📖 C 5

Zum Szenetreff umfunktionierter Innenhof in der Mariahilfer Straße, mit minimalistischem Design und DJs. Manchmal gibt es hier Kunstprojekte, einmal wöchentlich einen Filmklub.

VI., Mariahilfer Str. 101/1 (Innenhof) • U-Bahn: Zieglergasse • www.elektro-g.at • So–Do 19–2, Fr–Sa 19–4 Uhr

Kleines Café 📖 F 3

Der Schauspieler Hanno Pöschl hat das Lokal 1970 eröffnet. Ursprünglich bestand es aus nur zwei Stehtischen, inzwischen wurde ein wenig »vergrößert« (drei weitere Tische zum Sitzen). Abends Treffpunkt der Künstlerszene.

I., Franziskanerplatz 3 • U-Bahn: Stephansplatz • tgl. 10–2, So 13–2 Uhr

⭐ Krah Krah 📖 F 2

Der »Urvater« der Wiener Innenstadtlokale, einer der ersten Szenetreffs im »Bermuda-Dreieck« – und noch immer so beliebt und belebt wie seinerzeit. Vor allem für die Jeunesse dorée gehört das Krah Krah zu den Fixpunkten.

I., Rabensteig 8 • U-Bahn: Schwedenplatz • www.krah-krah.at • tgl. 11–2 Uhr

rhiz 📖 B 2

Hier wurde die Wiener Electronic-Szene geboren – und ihre Stars treten noch immer regelmäßig im rhiz auf. Auch sonst ist die Bar eines der trendigsten Lokale in den Stadtbahnbögen.

VIII., Lerchenfelder Gürtel, Stadtbahnbogen 37–38 • U-Bahn: Thaliastraße • rhiz.org • Mo–Sa 18–4, So 18–2 Uhr

Robert Goodmann 📖 E 4

Der Klassiker unter den Wiener Durchmach-Lokalen. Gleich neben dem Naschmarkt feiert man in gepflegtem Ambiente – und mit Mainstream aus der Dose. Hier vermischen sich die letzten Überlebenden der Nacht mit den Frühaufstehern. Kleine Gerichte werden fast rund um die Uhr serviert.

IV., Rechte Wienzeile 23 • U-Bahn: Kettenbrückengasse • www.goodmann.at • Mo–Sa ab 2 Uhr

⭐ Roter Engel 📖 F 2

Mit dem Roten Engel hat Ende der 70er-Jahre der Rummel um das »Bermuda-Dreieck« begonnen, und noch immer ist die gemütliche Bar der Treffpunkt der Wiener Szene und ihrer Trabanten. In der »Wein- und Liederbar« gibt es eine große Weinauswahl, dazu werden Käsehäppchen serviert. Dazu kann man oft Livemusik hören, vor allem Jazz und Blues.

I., Rabensteig 5 • U-Bahn: Schwedenplatz • www.roterengel.at • tgl. 17–4 Uhr

Strandbar Herrmann 📖 G 2

Sandstrände in der Innenstadt – einer der schönsten liegt am Donaukanal nahe der Urania; tagsüber

»Hier bitte nichts verändern« nimmt man im Alt Wien (▶ S. 51) wörtlich, auch wenn – vor allem abends – die Grenzen zwischen Kaffeehaus und Beisl verschwimmen.

sonnt man sich im Liegestuhl, am Abend geht musikalisch die Post ab.
III., Herrmannpark • U-Bahn: Schwedenplatz • www.strandbarherrmann.at • April–Anfang Okt. tgl. 10–2 Uhr

Wein & Co am Naschmarkt
 E 4

Die Flagship-Bar der gleichnamigen Weinhandelskette. Hier kann man – umringt von Wiens Önophilen – den Wein flaschen- und gläschenweise kaufen, und dazu gibt's Antipasti.
VI., Linke Wienzeile 4 • U-Bahn: Karlsplatz • www.weinco.at • Mo–Fr 10–1, Sa 9–1, So 11–24 Uhr

KONZERTE UND MUSIKLOKALE
Arena K 6

Die Arena in Erdberg veranstaltet neben Livekonzerten regelmäßige Clubbing-Abende, in der warmen Jahreszeit flimmert das Sommerkino unter freiem Himmel.
III., Baumgasse 80 • U-Bahn: Erdberg • Tel. 7 98 85 95 • www.arenavie.com/web • Büro Mo–Fr 11–17 Uhr

Chelsea B 3

Das Chelsea war das erste jener Lokale, die den Gürtel belebten: Direkt in einem Bogen der Stadtbahn hat sich dieses Stammlokal der Wiener Underground-Szene einquartiert. Die Events sind abwechslungsreich, neben regelmäßigen Konzerten von amerikanischen und britischen Bands sind auch die DJ-Nächte gut besucht.
VIII., Lerchenfelder Gürtel/Stadtbahnbogen 29–30 • U-Bahn: Thaliastraße • Tel. 4 07 93 09 • www.chelsea.co.at • tgl. 18–4 Uhr

Gasometerhalle K 6

Im Gasometer B – unterhalb der Shoppingmall – fand eine von Wiens wichtigsten Konzertlocations Platz: Internationale Pop-, Rock- und Jazzgrößen treten hier auf, der Gasometer ist aber auch Schauplatz von Clubbings und Raves.
XI., Guglgasse • U-Bahn: Gasometer • Tel. 9 60 96 • www.wienergasometer.at

Jazzland F 2

Wer traditionellen Jazz liebt, ist in Wiens legendärem Jazzklub (es gibt ihn seit 1972) richtig: Von New Orleans über Chicago bis Wien führt die Reise.
I., Franz-Josefs-Kai 29 • U-Bahn: Schwedenplatz • Tel. 5 33 25 75 • www.jazzland.at • Mo–Sa ab 19 Uhr, Livemusik ab 21 Uhr

Musikverein F 4

Die Heimat der Wiener Philharmoniker, Österreichs renommiertestem Orchester. Sind sie nicht auf den Bühnen der Welt zu hören, spielen sie hier (unter anderem das Neujahrskonzert, ▶ S. 116).
I., Bösendorferstr. 12 • U-Bahn: Karlsplatz • Tel. 5 05 65 25 • www.wienerphilharmoniker.at

Porgy & Bess F 3

Wiens Jazzklub Nummer 1 – nicht nur für Puristen, sondern auch für Freunde von Avantgarde und generell innovativer Musik.
I., Riemergasse 11 • U-Bahn: Stephansplatz • Tel. 5 12 88 11 • www.porgy.at

Wiener Konzerthaus F 4

Die »Stätte für die Pflege edler Musik«, so die Laudatio bei der Einweihung 1913, ist Wiens zweite große Konzertbühne neben dem Musikverein. Internationale Orchester, aber auch die Wiener Symphoniker treten hier regelmäßig auf, Veranstaltungen wie »Wien Modern« oder »Resonanzen« finden statt.
III., Lothringerstr. 20 • U-Bahn: Stadtpark • Tel. 24 20 02 • www.konzerthaus.at

THEATER UND OPER

Burgtheater E 3

»Die Burg« widmet sich den Klassikern der Weltliteratur, ihre Akteure gehören traditionell zur Crème de la Crème der deutschsprachigen Schauspielerzunft. (Nicht nur) die Premieren sind regelmäßig ausverkauft.
I., Universitätsring 2 • U-Bahn: Rathaus • Information und Karten: Bundestheaterverband, Hanuschgasse 3 • Tel. 5 14 44 41 45 • www.burgtheater.at

WERK X F 3

Wiens jüngste Theaterinstitution verfügt über zwei Spielstätten mit je zwei Bühnen: Das ehemalige Kabelwerk in Meidling wird für Eigenpro-

duktionen und Kooperationen mit internationalen Bühnen genutzt, das Eldorado am Petersplatz bleibt in Händen der freien Theaterszene.
WERK X: XII., Oswaldgasse 35A • U-Bahn: Tscherttegasse;
WERK X Eldorado: I., Petersplatz 1 • U-Bahn: Stephansplatz • Tel. 5 35 32 00 • www.werk-x.at

Kabarett Niedermair D 3
Alles, was in Österreichs Kleinkunstszene einen Namen hat – z. B. Lukas Resetarits –, war schon auf dieser Bühne zu Gast. Sie gilt aber auch als Sprungbrett für Newcomer. Auch Kindertheatervorstellungen.
VIII., Lenaugasse 1a • U-Bahn: Rathaus • Tel. 4 08 44 92 • www.niedermair.at

Raimundtheater B 5
Das nach Wiens bekanntem Dichter Ferdinand Raimund benannte Theater wurde 1893 eröffnet und widmete sich der Operette. Heute stehen meist Musicals auf dem Programm.
VI., Wallgasse 18–20 • U-Bahn: Gumpendorfer Straße • Tel. 5 88 85 • www.musicalvienna.at

Ronacher F 3
In früheren Zeiten lief im Ronacher noch Kabarett, und auch André Heller machte hier Programm. Inzwischen ist das Etablissement eine Musicalbühne und hat sich weitgehend auf Broadwayproduktionen eingespielt.
I., Seilerstätte 9 • U-Bahn: Stephansplatz • Tel. 5 88 85 • www.musicalvienna.at

Staatsoper E 4
Die österreichische Opernbühne schlechthin. Hier geben sich jährlich vom 1. September bis zum 30. Juni auch ganz große Sänger wie Plácido Domingo die Klinke in die Hand. Stehplatzkarten gibt's schon für 2 €, der alljährlich im Februar hier stattfindende Opernball ist deutlich teurer. Wer sich das Haus nur ansehen möchte, hat dazu bei einer Führung Gelegenheit.
I., Opernring 2 • U-Bahn: Karlsplatz/Oper • Tel. 5 14 44-22 50 • www.wiener-staatsoper.at

Theater an der Wien E 4
Nach einer langen Geschichte als Musicalbühne überlässt das Theater an der Wien nun die Musicals dem Ronacher und dem Raimundtheater und widmet sich der Oper, aber auch der Operette.
VI., Linke Wienzeile 6 • U-Bahn: Karlsplatz • Tel. 5 88 85 • www.theater-wien.at

Volksoper D 1
Das populärste Haus unter den Bundestheatern. Hier kümmert man sich ebenso um Klassiker wie um Wiener Lokalgrößen.
IX., Währinger Str. 78 • U-Bahn: Währinger Straße • Information und Karten: Bundestheaterverband, Hanuschgasse 3 • Tel. 5 14 44 36 70 • www.volksoper.at

Volkstheater D 3
Seit 125 Jahren bietet das Haus neben dem heutigen MuseumsQuartier Bühnenkunst: Von Klassikern der Weltliteratur über österreichische Dramatiker bis zu zeitgenössischen Werken wird ein breites Spektrum dargeboten.
VII., Neustiftgasse 1 • U-Bahn: Volkstheater • Tel. 5 21 11-0 • www.volkstheater.at

Familientipps

Kasperltheater, Liliputbahn, Dinosaurierskelett? Wien ist auch für Kinder spannend! Am Prater und am ZOOM Kindermuseum führt für Familien eigentlich kein Weg vorbei.

◀ Nur wer zeitig kommt, kann das ganze Angebot des ZOOM Kindermuseums (▶ S. 61) auskosten.

Alte Donau   K 1
Sommerlichen Schwimmspaß garantieren die Strandbäder an der Alten Donau, einem ruhigen Nebenarm des Stroms. Das Wasser ist hier weitgehend seicht und daher auch für Nichtschwimmer geeignet, am Ufer liegt man entspannt im Schatten alter Bäume.
XXII., U-Bahn: Alte Donau

Dschungel Wien   D 3
Theater, Pantomime und Tanz für ein junges Publikum steht im Dschungel im MuseumsQuartier auf dem Programm. Für Kinder und Jugendliche wird auf zwei Bühnen ein abwechslungsreiches Programm geboten.
VII., Museumsplatz 1 • U-Bahn: Museumsquartier • Tel. 5 22 07 20 20 • www.dschungelwien.at • Eintritt 9 €, Erwachsene am Abend 14 €, Kinder 8,50 €

Haus des Meeres   D 4
In einem Flakturm aus dem Zweiten Weltkrieg ist diese Schausammlung mit mehr als 3000 Fischen und anderem Getier untergebracht. An der Außenmauer wartet eine 35 m hohe Kletterwand auf mutige Kraxler.
VI., Fritz-Grünbaum-Platz 1 • U-Bahn: Neubaugasse • Tel. 5 87 14 17 • www.haus-des-meeres.at • tgl. 9–18, Do 9–21 Uhr • Eintritt 14,90 €, Kinder 6,90 €

Irrgarten & Labyrinth   A 6
Ein unbekannter Teil des Parks von Schönbrunn ist der Irrgarten, der im Jahr 1720 angelegt und später aufgelöst wurde. Erst 1999 wurde er wieder nach historischem Vorbild eröffnet: Das Zentrum ist heute eine Aussichtsplattform mit zwei Kraft spendenden Feng-Shui-Steinen, die man aber erst finden muss.

Ist man dem Irrgarten dann entwichen, lädt das Labyrinth zu einer Entdeckungstour ein: Hüpfaufgaben sind zu bewältigen, ein Riesenkaleidoskop verzerrt die Welt, und ein Mathematikrätsel verrät, wie viele Schritte man gehen darf. Schließlich gibt es noch den Labyrinthikon-Spielplatz zum Experimentieren und Herumtollen.
XIII., Schönbrunner Schlossstraße • U-Bahn: Schönbrunn • Tel. 81 11 32 39 • www.kaiserkinder.at • 15.–31. März 9–17, April–Juni 9–18, Juli–Aug. 9–19, Sept. 9–18, Okt. 9–17 Uhr • Eintritt 4,50 €, Kinder 2,50 €

🌿 Kinderbauernhof am Cobenzl
▶ S. 103, a 1

Hinter die Kulissen eines Biobauernhofes kann man am Cobenzl über den Dächern von Wien blicken. Am Rande des Wienerwalds gelegen, erfahren Kinder wie auch Erwachsene Interessantes über Haustiere und Landwirtschaft, wie man kompostiert, wie Obstbäume wachsen oder wie Ameisen ihre Arbeit verrichten.
XIX., Am Cobenzl 96a • Bus: Cobenzl Parkplatz • Tel. 3 28 94 04 20 •

⭐ MERIAN Tipp

WIEN ZUM HÖREN
Ein akustisches Erlebnismuseum ist das Haus der Musik: Wer will nicht einmal zumindest virtuell die Wiener Philharmoniker dirigieren?   ▶ S. 20

www.landgutcobenzl.at • April–Juni und Sept. Di–So 10–19, Juli, August Mo–So 10–19, Okt. Di–So 10–17, Nov.–März Sa, So 10–17 Uhr • Eintritt 5 €, Kinder 4 €

KunstHausWien H 2

Auf den Spuren Friedensreich Hundertwassers können Kinder hier ihr eigenes Kunsthaus entwerfen. Dazu erhält man an der Kasse gratis ein Kiddybag mit allem, was man dazu braucht.
III., Untere Weißgerberstr. 13 • Straßenbahn: Radetzkyplatz • Tel. 7 12 04 91 • www.kunsthauswien.at • tgl. 10–19 Uhr • Eintritt 10 €, Kinder bis 10 Jahren frei

Leopold Museum D 3

Jeden Sonntag ab 14 Uhr werden im Leopold Museum die Geheimnisse interessanter Bilder erkundet und danach praktisch im Kinderatelier in Kunstwerke umgesetzt.
VII., Museumsplatz 1 • U-Bahn: Museumsquartier • Tel. 5 25 70 • www.leopoldmuseum.org • So 14–17 Uhr • Eintritt inkl. Atelierbeitrag 4 €

🍃 Lobau

Der »grüne Dschungel Wiens« liegt im Osten der Stadt und macht mit seinen 2300 ha fast ein Drittel des Nationalparks Donau-Auen aus, eine der letzten großen Flussauenlandschaften Mitteleuropas. Die Donau ist die Lebensader des Parks. Er ist zwar 37 km lang und zieht sich bis an die slowakische Grenze, misst aber an seiner breitesten Stelle gerade 4 km. Die Flora und Fauna sind einzigartig: Hier findet man Biber, Gottesanbeterinnen und Graureiher. Wahrzeichen des Nationalparks ist der Eisvogel, den man mit etwas Glück hier beobachten kann.
Die Auenlandschaft an der Donau ist einem ständigen Wechsel unterworfen: Dafür sorgen Pegelschwankun-

Rasantes Vergnügen: Bei einer Fahrt mit der Achterbahn Boomerang im Prater (▶ S. 59) kommt die ganze Familie auf ihre Kosten.

gen von bis zu 7 m, die das Gleichgewicht in der Natur immer wieder verändern.

Mit dem Nationalparkboot gelangt man von der Innenstadt entlang des Donaukanals direkt in die Lobau. Zentrum ist das Nationalparkhaus Wien-Lobau. Ausstellungen und Informationen rund um das Thema Auwald sorgen für das nötige theoretische Wissen, bevor man sich auf Erkundungstour macht.

Durch die gesamte Lobau zieht sich ein Netz aus Wander- und Radwegen, auf dem man den Wiener »Dschungel« individuell kennenlernen kann. 11 km lang ist z.B. der Napoleon-Rundwanderweg, der das ehemalige Hauptquartier Napoleons auf seiner Runde mit einschließt. Geführte Rad- und Wandertouren bucht man über die Nationalpark-Forstverwaltung Lobau (Tel. 40 00-4 94 80, Mo–Fr 8–16 Uhr). Das Nationalparkboot verkehrt von 2. Mai–26. Okt. täglich. Abfahrt 9 Uhr an der Salztorbrücke, Abgang Franz-Josefs-Kai (Anmeldung Tel. 40 00-4 94 80) • XXII., Dechantweg 8 • Bus: Nationalparkhaus • Tel. 40 00-4 94 95 • www.donauauen.at • Mi–So 10–18 Uhr

Naturhistorisches Museum E 3

Mineralien zum Anfassen, dazu viele Pflanzen und Dinosaurierskelette: Unter fachkundiger Leitung wird hier stundenweise an unterschiedlichsten naturwissenschaftlichen Projekten gearbeitet. Im Kindersaal gibt es zudem ausgestopfte Tiere zum Streicheln.

I., Burgring 7 • U-Bahn: Museumsquartier • Tel. 52 17 70 • www.nhm-wien.ac.at • Do–Mo 9–18.30, Mi 9–21 Uhr • Eintritt 10 €, Kinder frei

MERIAN Tipp

RUND UMS FETZENLABERL

Fußball ist in Wien Volkssport: Bei einem Derby zwischen Austria (in Violett) und Rapid (in Grün-Weiß) kommt Volksfeststimmung auf. ▶ S. 20

Prater H/K 2

Der Wurstelprater ist zweifellos der Klassiker unter den Vergnügungsparks: Riesenrad, Achter- und Geisterbahn, Kasperltheater, dazu Autodrom und noch mehr – nicht zuletzt die Liliputbahn, auf der man in 20 Minuten mit immerhin 10 km/h durch die Parklandschaft rattern kann. Die Eltern freuen sich schon auf ein frisch gezapftes Budweiser im Schweizerhaus (▶ S. 35).

II., Prater • U-Bahn: Praterstern • www.prater.at

Schloss Schönbrunn A 6

Unter dem Namen »Schönbrunn erleben« wird man in 12 Räume im Westtrakt des Schlosses in die Zeiten Maria Theresias entführt. Es wird demonstriert, wie man mit einem Fächer kokettiert oder wie man fachmännisch eine Perücke frisiert. Man kann eine Puppe oder sich selbst mit barocken Kleidern ausstaffieren und sich als Prinz oder Prinzessin fotografieren lassen. Dazu erfährt man einiges über das höfische Leben der Kinder von einst.

XIII., Schönbrunner Schlossstraße • U-Bahn: Schönbrunn • Tel. 81 11 32 39 • www.schoenbrunn.at, www.kaiserkinder.at • April–Juni tgl. 8.30–17.30, Juli, Aug. tgl. 8.30–18.30, Sept., Okt. tgl. 8.30–17.30, Nov.–März tgl. 8.30–17 Uhr • Eintritt

7,50 €, Kinder 6 € • Kinderführung »Kaiserin Maria Theresia und ihre Kinder« Sa, So 10.30, 13.30 und 15 Uhr, Zielgruppe 6–12 Jahre, Dauer 1,5 Std., auf Deutsch, Reservierung empfohlen • Eintritt 7,50 €, Kinder 6 €

Sisi-Museum　　　　　　　　E3

In speziellen Führungen können Kinder hier erfahren, wie Sisi und Franz in der Hofburg gelebt haben. Zu sehen sind u. a. die Rekonstruktion des Polterabendkleids, berühmte Porträts, Schönheitsrezepte, Schmuckstücke und viele persönliche Dinge der jungen Kaiserin sowie die Totenmaske der Ermordeten.
I., Hofburg • U-Bahn: Stephansplatz • Tel. 5 33 75 70 • www.hofburg-wien.at • tgl. 9–17.30, Juli, Aug. tgl. 9–18 Uhr • Eintritt 11,50 €, Kinder 7 €

Technisches Museum Wien　　A 6/D 4

Sich einmal als Wissenschaftler oder Forscherin versuchen und dabei die Geheimnisse des Alltags enträtseln? Beim »verrückten Labor« im Technischen Museum Wien ist das möglich, und Kinder zwischen 4 und 7 Jahren kommen dabei voll auf ihre Kosten. Ältere – von 8 bis 10 Jahren – können stattdessen auf »Aha-Tour« gehen, und bei Führungen für die ganze Familie kann man sich Themen wie dem Umweltschutz oder bei einem spannenden Workshop dem Weltraum widmen. Das alles wird im Technischen Museum Wien angeboten – es liegt nur einen kleinen Fußmarsch vom Schloss Schönbrunn entfernt und stellt eine interessante Alternative zum Prunk der Habsburger dar: Von Energie und Umwelt bis zur Kommunikation wird eine ganze Reihe Themen umfassend abgehandelt.
XIV., Mariahilfer Str. 212 • U-Bahn: Schönbrunn • Tel. 89 99 80 • www.technischesmuseum.at • Mo–Fr 9–18, Sa, So 10–18 • Eintritt 10 €, Kinder frei

Tiergarten Schönbrunn　　　A6

Im Elefantenpark kann man mit etwas Glück dem Elefantenjungen beim Baden zusehen. Nilpferde, Löwen und Giraffen sind hier ebenso zu Hause wie Wölfe – und auch ein original Tiroler Bauernhof lohnt den Besuch. Besonders toll sind natürlich die Fütterungen im ältesten Zoo der Welt, z. B. bei den Menschenaffen, täglich um 10 und 14.30 Uhr; die Jaguare und Tiger werden täglich (außer Mi und Sa) um 14 Uhr gefüttert. Außerdem sind zwei Panzernashörner zu bestaunen, das Koala-Haus und das neue Affenhaus mit den Orang-Utans. Im Regenwaldhaus erfährt man viel über die Tier- und Pflanzenwelt Borneos und wird von Flugfüchsen umflattert. Und schließlich kann man vom Baumwipfelweg aus einen herrlichen Ausblick über Wien genießen.
XIII., Eingang Hietzing • U-Bahn: Schönbrunn/Hietzing • www.zoovienna.at • Nov.–Jan. tgl. 9–16.30, März, Okt. tgl 9–17.30, April–Sept. tgl. 9–18.30 Uhr • Eintritt 16,50 €, Kinder 8 €

Urania Puppentheater　　　G 2

Der bekannteste Kasperl Österreichs und natürlich auch Pezi erleben hier zahlreiche Abenteuer mit Zauberern, Hexen, der Großmutter und Dagobert, dem Krokodil.
I., Uraniastr. 1 • U-Bahn: Schwedenplatz • Tel. 7 14 36 59 • www.kasperlundpezi.at • Vorstellungstermine auf Anfrage, Eintritt 7,50 €

Im Tierpark Schönbrunn (▶ S. 60), dem ältesten noch bestehenden Zoo der Welt, kann der Nachwuchs in Ruhe die Pinguine im Polarium bestaunen.

Urania Sternwarte G 2

Im Jahr 1910 öffnete die Urania Sternwarte zum ersten Mal ihre Kuppel für einen Blick in den Himmel. Heute kann man in Österreichs ältester und zugleich modernster Volkssternwarte mit einem computergesteuerten Doppelfernrohr ins Weltall schauen und in einer eineinhalbstündigen Führung so manches über unsere Nachbarplaneten und -galaxien erfahren.
I., Uraniastr. 1 • U-Bahn: Schwedenplatz • Tel. 8 91 74 15 00 00 • www.planetarium-wien.at • Eintritt 8 €, Kinder 6 €

ZOOM Kindermuseum E 4

Ein Museum zum Mitmachen: Das Kindermuseum im MuseumsQuartier bietet Programme für Kinder jeden Alters an. In Workshops können Kinder von 3 bis 12 Jahren beispielsweise etwas über Trickfilm und Sound lernen. In einer Mitmachausstellung über das Fliegen und im ZOOM Atelier wird gemeinsam mit Künstlern die Freude am Malen und Basteln geweckt. Im Spiel- und Erlebnisbereich ZOOM Ozean können auch schon die Kleinsten (ab 8 Monaten) herumtollen. Eine Reservierung ist erforderlich.
VII. • U-Bahn: Museumsquartier • Tel. 5 24 79 08 • www.kindermuseum.at • Di–Fr 8.30–16, Sa, So 9.45–16 Uhr
– ZOOM Atelier und Trickfilmstudio: Eintritt 4 €, Kinder 6 €, pro Kind ein Erwachsener frei
– ZOOM Ozean: Eintritt 4 €, Kinder 4 €, pro Kind ein Erwachsener frei
– ZOOM Ausstellung: Erwachsene 4 €, Kinder frei

Weitere Familientipps sind durch dieses Symbol gekennzeichnet.

Das MuseumsQuartier (▶ S. 93) ist Wiens urbaner Kunstraum, in dem sich historische Gebäude mit zeitgenössischer Architektur mischen.

Unterwegs in **Wien**

Wien ist leicht zu »erobern« – am besten natürlich zu Fuß. Bereits bei einem Spaziergang durch den I. Bezirk hat man Vieles gesehen, was die Faszination dieser einzigartigen Stadt ausmacht.

Sehenswertes

Die K.-u.-k.-Monarchie ist überall sichtbar, aber auch moderne Bauten prägen das Stadtbild – wie überall in Österreich, wo man innovative Architektur zu schätzen weiß.

◄ Die Karlskirche (▶ S. 73) gilt den Wienern als schönster Barockdom nördlich der Alpen.

Schönbrunn ⭐, der **Stephansdom** ⭐ und die **Hofburg** ⭐ – soll man drei der Attraktionen Wiens nennen, stößt man unweigerlich auf diese Highlights, knapp gefolgt von den Lipizzanern und den Sängerknaben. Nur leider ist man eben nicht als einziger Tourist daran interessiert, etwas von der Grandezza des Habsburgerreiches oder den gotischen Reliefs des Domes zu erhaschen.

Doch auch Busreisen haben ihren Zeitplan und ihre Saisonen – und zwischendrin findet man immer wieder Tage oder auch nur Momente, wo man sich in Ruhe am »Fenstergucker« des Dombaumeisters Pilgram ergötzen kann oder die Muße hat, die juwelengeschmückte Kaiserkrone des Heiligen Römischen Reiches in der Schatzkammer mehr oder weniger ungestört zu bewundern. Individualisten begegnen einander vielleicht im Arik-Brauer-Haus oder beim Stadtbahnpavillon in Grinzing.

Auch am **Biedermeierfriedhof St. Marx** oder draußen in der **Hermesvilla** im Lainzer Tiergarten bleibt man mit anderen Wienkennern und -liebhabern unter sich.

Zur Erholung empfiehlt sich ein Spaziergang in einem der Parks, im Wienerwald und entlang der Donau oder ein Einkaufsbummel in der **Mariahilfer Straße**, Flanieren in der **Kärntner Straße** ⭐ und ein Gang über den Naschmarkt. Zwischendurch müssen Sie natürlich die einzigartige Atmosphäre in einem Wiener Kaffeehaus wie dem Sperl, dem Hawelka oder dem Central schnuppern, in einem Beisl ein Wiener Schnitzel oder einen Gemüsestrudel genießen oder bei einer traditionellen Buschenschank in Nussdorf den Eigenbauwein verkosten. Vielleicht kommt man sich mit ein paar Wienern »zwischenmenschlich« ein wenig näher, und es kann noch ein langer, gemütlicher Abend werden, der irgendwo in der Innenstadt ausklingt.

Altes Rathaus 📖 F 2
Im Hof des ehemaligen Rathauses (1316, später barockisiert) ist eines der Hauptwerke des Barockbildhauers Georg Raphael Donner zu sehen: der Andromedabrunnen von 1741 mit einem Bleirelief, das die Sage von Perseus und Andromeda darstellt.
I., Wipplingerstr. 8 • U-Bahn: Stephansplatz

Am Hof 📖 E 3
Hier residierten ab dem 12. Jh. die Babenberger; diese erste Pfalz der Herren von Österreich war damals noch ein loser Häuserkomplex mit dem Wohnhaus des Herzogs. Heute bietet der Platz ein barockes Bild: Das Zeughaus von 1732 schmücken eine Dreiecksgiebelfassade und eine Attika mit Skulpturen, die eine vergoldete Weltkugel tragen. Die Kirche Am Hof ist die ehemalige Jesuitenkirche, ein ursprünglich gotisches Gotteshaus, 1610 im Stil des Jesuitenbarocks umgestaltet. Die monumentale Fassade beherrscht den Platz.
I., Herrengasse • U-Bahn: Herrengasse

Amalienbad 👥 📖 F 6
Wien besitzt eine Reihe von teilweise besonders stilvollen Hallenbädern und Saunen – ein Beitrag zur Volks-

gesundheit, denn in vielen alten Substandardwohnungen gab es gar kein Badezimmer. Das schönste der Hallenbäder ist das Amalienbad am Reumannplatz – gleich gegenüber vom legendären Eissalon Tichy (▶ S. 35). Ein Besuch in diesem wirklich prachtvollen Jugendstilgebäude lohnt sich schon allein wegen der Architektur.

X., Reumannplatz 23 • U-Bahn: Reumannplatz • www.wien.gv.at/freizeit/baeder • Di 9–18, Mi 9–21.30, Do 7–21.30, Fr 9–21.30, Sa 7–20, So 7–18 Uhr • Eintritt 5,50 €, Kinder 1,80 €

Ankeruhr   F 3

Eine in Form einer 10 m langen Brücke zwischen zwei Häusern gebaute Jugendstiluhr (1913, von Franz Matsch): 12 Figurenpaare aus der Geschichte Wiens – von Marc Aurel bis Haydn – wandern innerhalb von 12 Stunden am alten Stadtwappen vorbei. Gehen Sie unbedingt um 12 Uhr mittags hin, dann paradieren alle Figuren vorbei.

I., Hoher Markt 10–11 • U-Bahn: Schwedenplatz

Arik-Brauer-Haus   B 5

Nach Friedensreich Hundertwasser wurde auch der Maler Arik Brauer (ein Mitbegründer des Phantastischen Realismus) eingeladen, ein Wohnhaus der Gemeinde Wien zu gestalten. Große Fliesenbilder, Hinterglasmalereien und gaudieske Verzierungen haben aber noch kein vergleichbares Publikumsinteresse wie beim Hundertwasserhaus (▶ S. 71) auf sich gezogen.

VI., Gumpendorfer Str. 134–136 • U-Bahn: Gumpendorfer Straße • nicht öffentlich zugänglich

Arsenal   G 6

Nach der Revolution von 1848 als gut zu verteidigende Anlage auf einem Hügel hinter dem Belvedere errichtet, gilt der Bau als Vorläufer des Klassizismus. In der Mitte des im Stil eines monumentalen morgenländischen Palasts gestalteten Baus ist das **Heeresgeschichtliche Museum** untergebracht. Im ältesten Museumsbau der Stadt werden die Geschichte der Habsburgermonarchie, das Schicksal Österreichs nach dem Zerfall der Monarchie bis 1945 und natürlich die Rolle des Heeres dokumentiert.

III., Arsenalstraße • U-Bahn: Südtiroler Platz • Straßenbahn: Heeresgeschichtliches Museum • Tel. 79 56 10 • www.hgm.or.at • tgl. 9–17 Uhr • Eintritt Museum 6 €, Kinder frei, 1. So im Monat frei

Augartenpalais   F 1

Die »Heimat«, besser gesagt, das Internat der Wiener Sängerknaben – im anderen Teil des Anwesens befindet sich die im Jahr 1718 gegründete Porzellanmanufaktur. Dahinter liegt ein schöner, öffentlich zugänglicher Park.

II., Obere Augartenstr. 1 • Straßenbahn: Obere Augartenstraße

Augustinerkirche   E 3

Seit dem 17. Jh. ist sie die Familienkirche der Habsburger. Der ursprünglich gotische Bau wurde damals barockisiert und in den Jahren 1784/85 wieder regotisiert. In der Kirche befindet sich die Herzgruft der Habsburger mit den Herzen von 54 Familienmitgliedern. Ihre Körper ruhen in der **Kapuzinergruft** ⭐ (▶ S. 72), die Eingeweide im **Stephansdom** ⭐ (▶ S. 84).

I., Augustinerstr. 3 • U-Bahn: Karlsplatz • Führungen nach der Sonntagsmesse, eine Spende ist angebracht

Belvedere G 5

Der Sommersitz des Prinzen Eugen von Savoyen gilt als eine der schönsten Palastanlagen des Barock. Von 1712 bis 1716 wurde das Untere Belvedere errichtet, das von außen schmucklos, aber innen umso prächtiger eingerichtet ist. Marmorsaal, Groteskensaal und Goldkabinett sind alleine den Besuch wert. 1717 wurde der herrliche Park gestaltet: Terrassen, Statuen und Wasserspiele verwandelten ihn einst in einen Lustgarten. Der Ausblick vom Oberen Belvedere ist imposant. 1721/22 entstanden, gilt es als Meisterwerk des Architekten Johann Lukas von Hildebrandt und war für repräsentative Zwecke bestimmt. Entsprechend prunkvoll sind Räumlichkeiten wie Audienzsaal und Spiegelkabinett.

Die weltweit größte Klimt-Sammlung und andere bedeutende Werke vom Mittelalter bis zur Neuzeit sind in der Gemäldegalerie im Oberen Belvedere bzw. im Prunkstall zu sehen. Die ebenso sehenswerte Orangerie dient unter anderem für Wechselausstellungen, während das 21er Haus im Schweizergarten das Museum für zeitgenössische Kunst mit einer umfangreichen Sammlung an aktueller Gegenwartskunst beherbergt.

www.belvedere.at

– Unteres Belvedere: III., Rennweg 6 • Straßenbahn: Unteres Belvedere • tgl. 10–18, Mi 10–21 Uhr • Eintritt 11 €, Kinder frei

– Oberes Belvedere: III., Prinz-Eugen-Str. 27 • Straßenbahn: Schloss Belvedere • tgl. 10–18 Uhr • Eintritt 12,50 €, Kinder frei

Der Schlossgarten des Belvedere (▶ S. 67) wurde vom kurbayerischen Gartenarchitekten Dominique Girard nach französischem Vorbild gestaltet.

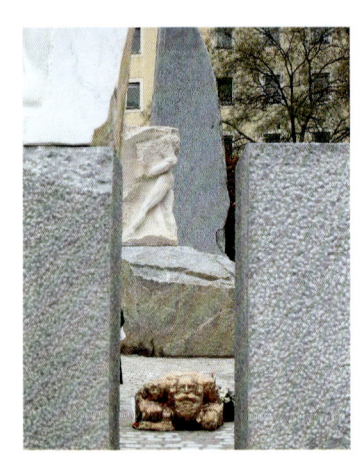

Den Opfern gewidmet: das Denkmal gegen Krieg und Faschismus (▶ S. 68).

– Belvederegarten: Straßenbahn: Unteres Belvedere • tgl. 7–20, im Sommer 6–21.30 Uhr
– 21er Haus: III., Arsenalstr. 1 (im Schweizergarten) • U-Bahn: Südtirolerplatz • Mi–Do 11–21, Fr–So 11–18 Uhr • Eintritt 7 €, Kinder frei
– Kombiticket Oberes Belvedere, Unteres Belvedere/Orangerie, Winterpalais und 21er Haus 30 €, Kinder frei

Burggarten E 3

Der ehemalige Kaisergarten, auf den ehemaligen Wehranlagen der »Burg« entstanden, wurde 1919 der Öffentlichkeit zugänglich gemacht. Im Burggarten befindet sich das Schmetterlinghaus mit tropischen Faltern.
I., Burgring • U-Bahn: Karlsplatz • Straßenbahn: Opernring
– Burggarten: April–Okt. tgl. 10–17, Nov.–März tgl. 10–16 Uhr
– Schmetterlinghaus: • www.schmetterlinghaus.at • April–Okt. Mo–Fr 10–16.45, Sa, So 10–18.15, Nov.–März tgl. 10–15.45 Uhr • Eintritt 6 €, Kinder 3 €

Burgtheater E 3

Das frühere Hof- und Nationaltheater, gegründet 1776, übersiedelte 1888 in das Haus am Ring. Gottfried Semper und Karl Hasenauer konzipierten die Kultstätte der Schauspielkunst im Stil der italienischen Hochrenaissance. Bezaubernd: der neobarocke Zuschauerraum.
I., Universitätsring • Straßenbahn: Burgtheater • www.burgtheater.at • Führungen auf Anfrage

Denkmal gegen Krieg und Faschismus E 3

Der 2009 verstorbene österreichische Künstler Alfred Hrdlicka schuf von 1988 bis 1991 diese mehrteilige Plastik aus Stein, Bronze und Marmor. Sie gedenkt der Opfer des Zweiten Weltkriegs und der nationalsozialistischen Herrschaft in Österreich. Die Skulpturen rund um den »straßenwaschenden Juden« stießen bei den Wienern anfangs auf recht wenig Gegenliebe.
I., Albertinaplatz • U-Bahn: Karlsplatz/Oper

Donauinsel 👫 K 1

Wiens Freizeitzentrum Nr. 1 – zumindest während der Sommermonate: kilometerlange Strände, Radfahr- und Joggingwege und dazu eine rege Lokal- und Restaurantszene am Ufer und auf dem Fluss. Das Donauinselfest (▶ MERIAN Tipp, S. 21), das Ende Juni stattfindet, lockt Hunderttausende an.
XXII. • U-Bahn: Donauinsel

Donaupark und Donauturm 👫 J 1

Zur Wiener Internationalen Gartenschau 1964 wurde auf einem ehemaligen Müllablagerungsplatz der

Donaupark geschaffen. Im 252 m hohen Donauturm, dem höchsten Gebäude Wiens, wurde in 170 m Höhe ein sich drehendes Restaurant mit schöner Aussicht eingerichtet. XXII., Wagramerstraße/Donauturmstraße • U-Bahn: Kaisermühlen – Vienna Int. Centre • www.donauturm.at • tgl. 10–24 Uhr, letzte Auffahrt 23.30 Uhr • Lift 7,40 €, Kinder 5,20 €

Ernst-Fuchs-Museum A 6
Das pittoreske Sommerhaus des Architekten Otto Wagner in Hütteldorf ist heute einem der wichtigsten Vertreter des Wiener Phantastischen Realismus gewidmet, dem Maler Ernst Fuchs. Hier findet man eine permanente Ausstellung seiner Werke, im Skulpturenpark kann man sich sogar ins Innere einer Plastik – des Brunnenhauses – wagen. Alleine die Architektur der Wagner-Villa ist absolut sehenswert.

⭐ MERIAN Tipp

DONAUINSELFEST
Konzerte und Partys auf und um 20 Bühnen – das größte Gratis-Freiluft-Event Europas findet in jedem Jahr Ende Juni statt. ▶ S. 21

XIV., Hüttelbergstr. 26 • U-Bahn: Hütteldorf, Bus: Camping West • www.ernstfuchs-zentrum.com • Di–Sa 10–16 Uhr, So und Feiertag nach Vereinbarung • Eintritt 11 €

Friedhof St. Marx J 6
Der romantische Biedermeierfriedhof wurde bereits vor mehr als 100 Jahren aufgelassen. Hier befindet sich auch die – leere – Grabstätte Wolfgang Amadeus Mozarts, der bekanntlich in einem nicht gekennzeichneten Armengrab verscharrt wurde.

Das Burgtheater (▶ S. 68) gehört zu den renommiertesten Spielstätten des deutschsprachigen Schauspiels. Es ist das zweitälteste Theater Europas.

III., Leberstr. 6–8 • Straßenbahn: St. Marx • April–Sept. tgl. 6.30–20, Okt.–März 6.30–17 Uhr

Haas-Haus F 3

Auf dem prominenten Platz gegenüber dem Stephansdom stand einmal das Einrichtungshaus Philipp Haas & Söhne. Der heutige Bau, in dessen Glasflächen sich der Stephansdom und die umliegenden Bürgerhäuser spiegeln, wurde vom Architekten Hans Hollein 1985 bis 1990 als Geschäfts- und Bürohaus errichtet. Sehenswert ist die Onyx-Bar – und ein Blick von der Dachterrasse bleibt unvergesslich.
I., Stephansplatz 12/Stock-im-Eisen-Platz 4 • U-Bahn: Stephansplatz

FotoTipp

FELDHERRENMOTIV

Die Reiterstandbilder von Prinz Eugen und Erzherzog Karl vor der Hofburg sind das Allwettermotiv der Stadt: Bei abendlichem Sonnenlicht frontal mit der Burg im Hintergrund oder von hinten als Schattenumriss gegen den wolkenverhangenen Himmel. ▶ S. 70

Hofburg E 3

Hier residierten bis 1918 die Habsburger. Seit dem 13. Jh. und dem Bau des ursprünglichen Schweizerhofes wurde immer wieder umgebaut, erweitert oder neu gestaltet. Den letzten Plänen – eine Erweiterung der Hofburg durch einen zweiten Flügel auf der rechten Seite des Heldenplatzes – machten der Erste Weltkrieg und der Sturz des Hauses Habsburg einen Strich durch die Rechnung. Von der ursprünglichen mittelalterlichen »Burg« ist nur mehr die Burgkapelle zu sehen: In dem später barock umgebauten Kirchlein finden an Sonn- und Feiertagen (außer im Sommer) Messen unter Beteiligung der Wiener Sängerknaben statt.

In der Renaissance entstand die Stallburg, mit ihrem Arkadenhof das schönste Bauwerk dieser Epoche in Wien; hier haben die Lipizzaner ihre Stallungen. Die **Amalienburg** (erbaut 1575–1588) wurde im 17. Jh. durch den frühbarocken Leopoldinischen Trakt mit dem Schweizerhof verbunden; auf der anderen Seite entstanden im frühen 18. Jh. der Reichskanzleitrakt und die Hofbibliothek. Zum Michaelerplatz hin wurde die Winterreitschule angebaut; das Ensemble des Michaelerplatzes konnte aber erst 150 Jahre später mit dem Riesenportal und der Michaelerkuppel fertiggestellt werden. Den Abschluss des heute sichtbaren Gebäudetrakts bildete ab 1900 die **Neue Hofburg**. Hier befindet sich der Eingang zur Verleihstelle der Nationalbibliothek, hier sind das Ephesos-Museum und die Musik- und Waffenkammer zu finden sowie das bedeutende Weltmuseum (▶ S. 96).

Besonders die **Kaiserappartements**, die 19 Arbeits- und Wohnräume von Kaiser Franz Joseph und seiner Gemahlin, sind sehenswert. Hier sieht man noch zum größten Teil das Originalmobiliar. Die Keramiköfen wurden, um die Räume nicht zu verschmutzen, durch einen separaten Heizgang befeuert. Die Kristalllüster waren ursprünglich mit Kerzen bestückt. Erst 1891 wurde die Hofburg elektrifiziert. Sie diente als Winterresidenz der kaiserlichen Familie – den Sommer verbrachte sie in Schönbrunn.

Friedhof St. Marx – Johann-Strauß-Denkmal

Im **Sisi-Museum** kann man Original-Exponate aus dem Leben der Kaiserin bewundern. Die **Silberkammer** zeigt den Luxus der einstigen Tafelkultur anhand von Servicen, kostbarem Porzellan und der kaiserlichen Tafel- und Küchenwäsche.

I., Zugang von Heldenplatz, Michaelerplatz, Josefsplatz • U-Bahn: Herrengasse

– Kaiserappartements/Sisi-Museum, Silberkammer: Sept.–Juni 9–17.30, Juli, Aug. 9–18 Uhr • Eintritt 25,50 €, Kinder 15 €

– Weltliche und Geistliche Schatzkammer im Kunsthistorischen Museum: Mi–Mo 9–17.30 Uhr • Eintritt 12 €

Hundertwasserhaus H 3

Von 1983 bis 1985 gestalteten der Maler Friedensreich Hundertwasser und der Architekt Josef Krawina einen kommunalen Wohnbau – ohne Verwendung von Kunststoff, dafür mit Holz und Ziegelmauerwerk. Das farbenfrohe Gebäude mit Zwiebeltürmchen und »ohne gerade Linien« war das erste einer Reihe von Künstlern konzipierter Wohnbauten in Wien (nicht öffentlich zugänglich).

Im Sommer fährt ein von dem Phantastischen Realisten designtes Schiff der DDSG vom Schwedenplatz auf einer »Hundertwassertour« zum KunstHaus, zum Hundertwasserhaus und zum Fernheizwerk im Norden der Stadt.

III., Löwengasse/Kegelgasse • Straßenbahn: Radetzkyplatz

Johann-Strauß-Denkmal F 4

Die mit Goldfarbe bemalte Bronzefigur des Walzerkönigs im Stadtpark neben dem Kursalon ist eines der bekanntesten Wahrzeichen Wiens. Ent-

Friedrich Stowasser, alias Friedensreich Hundertwasser, schuf zwischen 1983 und 1985 das fröhliche, bunte und ungewöhnliche Hundertwasserhaus (▶ S. 71).

worfen wurde es von Johann Hellmer, errichtet im Jahre 1921. Lange Zeit eine Bronzestatue, wurde sie erst später vergoldet – zuletzt 1990.
I., U-Bahn: Stadtpark • Straßenbahn: Stadtpark

Kahlenberg 👥 C1

Der Kahlenberg mit seinen 484 m ist der Hausberg der Wiener: An klaren Tagen hat man nicht nur einen herrlichen Blick über Wien, sondern kann in der Ferne auch die Gipfel des Schneebergs und der kleinen Karpaten erkennen. Eine schöne Aussichtsterrasse wurde vor der Josefskirche errichtet.

Die Sobiesky-Kapelle in der Kirche mit der schwarzen Madonna zieht vor allem polnische Pilger an. Sie erinnert an die Rettung der Stadt Wien vor den Türken 1683: Einem Entsatzheer unter dem Polenkönig Sobiesky gelang es, den Vormarsch der Türken in Europa aufzuhalten. Auch Kaiserin Sisi schätzte übrigens die Ruhe am Kahlenberg: An sie erinnert die Kaiserin-Elisabeth-Ruhe, ein idyllischer Hain auf dem Berg.
XIX., Am Kahlenberg • Bus: Kahlenberg

⭐ Kapuzinergruft E3

In dieser auch Kaisergruft genannten Grabstätte wurden zahlreiche Habsburger beigesetzt – von Maria Theresia in ihrem riesigen verschnörkelten Sarkophag bis zu Kaiserin Zita, Österreichs letzter Herrscherin, die 1989 im Alter von 97 Jahren verstarb und deren Sarg stets mit frischen Blumen überhäuft ist. Auch Elisabeth, besser bekannt als Sisi, fand hier ihre letzte Ruhe.

12 Kaiser, 16 Kaiserinnen und um die 100 Erzherzöge wurden hier beigesetzt. Besonders imposant ist der Doppelsarkophag von Maria Theresia und ihrem Gemahl Kaiser

Franz I., schlicht hingegen der nur mit einem Kreuz geschmückte Metallsarg von Sohn Joseph II. Die Kapuzinergruft liegt unter der Kapuzinerkirche, die 1633 als »Kirche zur hl. Maria von den Engeln« geweiht wurde; seit dieser Zeit werden die Habsburger hier beigesetzt.
I., Neuer Markt/Tegetthoffstraße • U-Bahn: Stephansplatz • www.kaisergruft.at • tgl. 10–18 Uhr • Eintritt 5,50 €, Kinder 2,50 €

Karl-Marx-Hof C 1

Das soziale Wohnbauprogramm des »roten Wien« schuf von 1919 bis 1934 die stolze Zahl von 64 000 Wohnungen. Der monumentale, 1,2 km lange Karl-Marx-Hof ist ein Musterbeispiel aus dieser Ära; er wurde von 1927 bis 1930 nach den Plänen des Architekten Karl Ehn errichtet: 1600 Wohnungen sind um mehrere Innenhöfe gruppiert. Während des Bürgerkriegs 1934 war diese Hochburg der »Roten« stark umkämpft.

XIX., Heiligenstädter Str. 82–92/ 12.-Februar-Platz • Straßenbahn: 12.-Februar-Platz

Karlsplatz und Karlskirche E 4

Nach dem Stephansdom ist die **Karlskirche** die größte Kirche in Wien. In ihrem Inneren sind vor allem die Kuppelfresken von Michael Rottmayr sehenswert. Sie stellen die christlichen Grundtugenden Glaube, Liebe und Hoffnung dar. Um sie besser betrachten zu können, führt ein Panoramalift in eine Höhe von 32 m. Geht man eine Treppe weiter, hat man von der Kuppellaterne einen herrlichen Blick über Wien.
Der Bau der Kirche geht übrigens auf ein Gelübde zurück, das Kaiser Karl VI. während der Pestepidemie 1713 geleistet haben soll. Der Brunnen vor der Kirche mit der Skulptur »Hill Arches« – Hügelbögen – wurde vom englischen Bildhauer und Zeichner Henry Moore entworfen.

WEGZEITEN (IN MINUTEN) ZWISCHEN WICHTIGEN SEHENSWÜRDIGKEITEN

	Belvedere	Burgtheater	Hofburg	Kapuzinergruft	Karlsplatz	Prater	Schönbrunn	Staatsoper	Stadtpark	Stephansdom
Belvedere	–	30	25	15	25	30	35	20	25	20
Burgtheater	30	–	10	20	20	40	40	15	15	20
Hofburg	25	10	–	10	10	40	35	10	10	15
Kapuzinergruft	15	20	10	–	15	40	30	5	10	15
Karlsplatz	25	20	10	15	–	40	20	10	10	10
Prater	30	40	40	40	40	–	50	25	15	25
Schönbrunn	35	40	35	30	20	50	–	25	30	25
Staatsoper	20	15	10	5	10	25	25	–	15	15
Stadtpark	25	15	10	10	10	15	30	15	–	10
Stephansdom	20	20	15	15	10	25	25	15	10	–

⭐ MERIAN Tipp

WIENERLIEDER

Was für Lissabon der Fado, ist für die Donaumetropole das Wienerlied: Karl Hodina oder Roland Neuwirth interpretieren es zeitgemäß. ▶ S. 21

Der Karlsplatz vereint ein buntes und doch harmonisches Stadtensemble um sich: Neben der Secession (▶ S. 82) sind hier auch der Glaspavillon der Kunsthalle project space zu bestaunen, die von Otto Wagner errichtete Stadtbahnstation (▶ S. 76) und auf der gegenüberliegenden Seite das von Adolf Loos gestaltete Café Museum, das Musikvereinsgebäude und das Künstlerhaus. Auch das Wien Museum (▶ S. 97) ist am Karlsplatz situiert.
IV., U-Bahn: Karlsplatz • www.karlskirche.at • Panoramalift 8 €, Kinder frei

⭐ Kärntner Straße   F 3

Die große Fußgängerzone der City war einst Ausgangspunkt bzw. Schlussstück eines alten Reisewegs zwischen Wien und der Adria, der über Kärnten führte. Heute ist sie die größte Nobel-Shoppingmeile der Stadt. Seit einiger Zeit gibt es hier allerdings auch Fast Food und einige nicht ganz so teure Läden. Die Kärntner Straße und ihre Verlängerung, der Graben, sind außerdem eine große Bühne für Straßenmusikanten und Selbstdarsteller, und man findet ein paar nette Schanigärten: Von diesen Außenbetrieben der Lokale aus lässt sich das pralle Leben der Wiener Innenstadt ganz bequem beobachten.
I., U-Bahn: Stephansplatz

Kirche am Steinhof   A 3

Das Gotteshaus, der schönste Kirchenbau des 20. Jh. in Wien, steht auf einem Hügel, und seine kupferne, byzantinisch anmutende Kuppel ragt über die umliegenden Gebäude hinaus. In der damaligen Niederösterreichischen »Landesirrenanstalt« (dem heutigen Psychiatrischen Krankenhaus der Stadt Wien) schuf Otto Wagner von 1904 bis 1907 ein Hauptwerk des Jugendstils – die Kirche am Steinhof. Das in strenger Form gehaltene Innere mit den Glasmosaiken von Kolo Moser wurde vor Kurzem renoviert.
XIV., Baumgartner Höhe 1 • U-Bahn: Ottakring, dann Bus: Baumgartner Höhe • www.erzdioezese-wien.at • Sa 16–17, So 12–16 Uhr, Führung Sa 15, So 16 Uhr • Führung 8 €, Besichtigung 2 €

Lainzer Tiergarten   A 6

Der Lainzer Tiergarten ist kein Zoo, sondern ein ehemaliges kaiserliches Jagdrevier im Westen Wiens, in dem Rehe, Hirsche und Fasane zu beobachten sind. Vor allem aber ist der Lainzer Tiergarten ein Naturschutz- und Naherholungsgebiet der Wiener mit Wanderwegen und Aussichtspunkten. Der höchste ist die Aussichtswarte Rudolfshöhe mit 472 m.
Der Haupteingang führt durch das Lainzer Tor, von dort erreicht man in knapp 20 Minuten zu Fuß – oder alternativ mit der Pferdekutsche – die **Hermesvilla**. Das ehemalige »Schloss der Träume« von Kaiserin Elisabeth ist heute ein Museum, in dem u. a. das prunkvolle Schlafgemach der Kaiserin und ihr Turnzimmer zu sehen sind (www.wienmuseum.at, März–Okt. Di–So 10–18 Uhr, Eintritt 6 €, 1. So im Monat frei).

Ein **Besucherzentrum** beim Lainzer Tor informiert über das Naturschutzgebiet und organisiert auch Führungen und Exkursionen durch den Tiergarten.
XIII., Lainzer Tiergarten • Bus: Lainzer Tor • www.lainzer-tiergarten. at • Ende Juli–Mitte Aug. 8–20.30, Mitte–Ende Aug. 8–20, Anf.–Mitte Sept. 8–19.30, Mitte–Ende Sept. 8–19, Ende Sept.–Mitte Okt. 8–18.30, Mitte–Ende Okt. 8–18, Ende Okt–Anf. Jan. 8–17 Uhr

Lehár-Schikaneder-Schlössl
▶ S. 103, f 2

Das im Jahr 1737 errichtete und in der ersten Hälfte des 19. Jh. umgebaute Schlössl steht im Wiener Heurigenort Nussdorf. Von 1802 bis 1812 wohnte Emanuel Schikaneder, Textdichter der »Zauberflöte«, in dem Bau, der sich noch heute in Privatbesitz befindet, von 1932 bis 1944 der Operettenkomponist Franz Lehár. Im ehemaligen Salon im 1. Stock sind daher Autografen, Gemälde, Fotos und andere Erinnerungsstücke der beiden Musiker ausgestellt.
XIX., Hackhofergasse 18 • Tram D: Nussdorf • Tel. 3 18 54 16 • Besichtigung nur nach Voranmeldung

Looshaus
E 3

Als Konterpart zum üppigen Michaelertor gilt dieser 1910/11 von Adolf Loos errichtete Wohn- und Geschäftsbau. Die Erscheinung des betont schmucklosen »Hauses ohne Augenbrauen« wurde damals mit Kanalgittern verglichen. Heute ist es ein Beispiel zweckbestimmter Architektur.
I., Michaelerplatz 3 • U-Bahn: Stephansplatz

Majolikahaus (Wienzeilenhäuser)
D 4

Das Majolikahaus hat seinen Namen von den vom Architekten Otto Wagner verwendeten Majolikafliesen mit farbigen Pflanzenornamenten, mit deren Hilfe er die Fassade witterungsbeständig und abwaschbar

Die Architektur des Looshauses (▶ S. 75) erregte einst das »Weaner Gmüat«.

machte – denn Hygiene war für Wagner ein wichtiges Merkmal von Modernität.
Im Haus Nr. 3 in der nahen Köstlergasse lebte Otto Wagner selbst: Hier befand sich auch seine legendäre gläserne Badewanne, die heute verschollen ist.
Das benachbarte Eckhaus besitzt an seiner Fassade vergoldete Medaillons von Kolo Moser. Die Besichtigung der Treppenhäuser ist möglich.
VI., Linke Wienzeile 38/40 • U-Bahn: Kettenbrückengasse

SEHENSWERTES

Maria am Gestade F 2

Ein gotisches Juwel: Einst stand die Kirche Maria am Gestade am Steilufer über einem Donauarm, heute erhebt sie sich, umrahmt von Wohn- und Geschäftshäusern, über dem Donaukanal. Der helle Chor datiert aus der Mitte, das dunkle – dadurch kontrastierende – Langhaus vom Ende des 14. Jh. Die plastische Gestaltung der Wand weist auf eine Arbeit der Wiener Dombauhütte hin. Der von zarten Facetten durchbrochene Maßwerkkuppelhelm auf dem 56 m hohen Turm aus dem Jahr 1430 gilt als einer der Höhepunkte gotischer Kunst in Österreich.
I., Salvatorgasse • U-Bahn: Schwedenplatz

Michaelerplatz E 3

Vor dem ornamentlosen Looshaus sieht man Reste einer zivilen römischen Siedlung außerhalb des militärischen Römerlagers Vindobona. Die ehemalige Hofpfarr- und Barnabitenkirche Sankt Michael auf der anderen Seite stammt in ihrem Kern aus der ersten Hälfte des 13. Jh. Sehenswert der barocke Portalvorbau mit dem »Engelssturz« in der ansonsten klassizistischen Fassade. Schaurig ist ein Besuch der **Gruft**.
I., Michaelerplatz • U-Bahn: Herrengasse • www.michaelerkirche.at • Gruft (nur mit Führung) März–Okt. Mo–Sa 11 und 13 Uhr (außer an kirchl. Feiertagen) • Eintritt 7 €, Kinder 3 €

Naschmarkt
▶ Einkaufen, S. 45

Nationalbibliothek E 3

Der barocke **Prunksaal** ist eine der wichtigsten historischen Bibliotheken der Welt – und natürlich eine der schönsten. Entworfen wurde er von Johann Bernhard Fischer von Erlach und seinem Sohn Joseph Emanuel, erbaut in den Jahren 1723 bis 1726. Die Deckenfresken stammen vom Hofmaler Daniel Gran. Der Prunksaal beherbergt heute 200 000 Bücher aus der Zeit zwischen 1501 und 1850, Herzstück ist die 15 000 Bände umfassende Sammlung des Prinzen Eugen von Savoyen.

Zu den Sammlungen gehört auch das **Papyrusmuseum**, das u.a. Papyri aus dem 2. Jahrtausend v. Chr. sein Eigen nennt, und das **Globenmuseum** mit seiner beeindruckenden Sammlung an Erd-, Himmels-, Planeten- und Mondgloben. Der **Plansprache Esperanto** ist ebenfalls eine kleines interaktives Museum in der Herrengasse 9 – das der Nationalbibliothek angeschlossen ist – gewidmet.
I., Josefsplatz 1 • U-Bahn: Herrengasse • www.onb.ac.at
– Prunksaal und Globenmuseum: Di–So 10–18, Do 10–21 (Juli–Sept. auch Mo 10–18 Uhr) • Eintritt Prunksaal 7 €, Kinder frei
– Papyrusmuseum: Di–So 10–18, Do 10–21, Juni–Sept auch Mo 10–18 Uhr
– Esperantomuseum: Di–So 10–18, Do 10–21 Uhr • Kombiticket Globen-/Papyrus-/Esperantomuseum 4 €, Kinder frei

Otto-Wagner-Stadtbahnpavillons
 E 4

Die Stadtbahn gilt als Gesamtkunstwerk des Jugendstilarchitekten Otto Wagner: Vor allem die Brücken und Stationsgebäude, aber auch Leuchten und Geländer wurden von ihm geplant. Sehenswert sind der Stadtbahnpavillon Hietzing, die Haltestellen Schönbrunn und Stadtpark sowie die

Vor dem von der griechischen Antike inspirierten Parlamentsgebäude (▶ S. 77) prangt die 5,5 m hohe Statue der Schutzgöttin Pallas Athene.

kunstvollen Abgänge am Karlsplatz – einer ist im Sommer ein Café.
I., Karlsplatz • U-Bahn: Karlsplatz • www.wienmuseum.at • April–Okt. Di–So 10–18 Uhr • Eintritt 4 €, Kombiticket Wien Museum Karlsplatz 8 €

Palais Ferstel E 3
Das Palais Ferstel wurde von Heinrich von Ferstel in den Jahren von 1856 bis 1860 im Stil der italienischen Renaissance erbaut. Bis 1877 war dort die Börse untergebracht. Florentinische und venezianische Einflüsse bestimmen die erste, in den 80er-Jahren renovierte Geschäfts- und Büropassage Wiens, ein Labyrinth dämmeriger Durchgänge, überdachter Höfe und geschwungener Treppenaufgänge.
Luxuriöse Geschäfte locken heute die Kauflustigen, das wiedereröffnete Café Central, vor dem Ersten Weltkrieg Treffpunkt von Intellektuellen und Künstlern, empfängt müde Touristen zu Speis und Trank.
I., Freyung 2/Herrengasse 17 • U-Bahn: Herrengasse

Parlament D 3
Einer der eindrucksvollsten Prunkbauten der Ringstraße: Der von der griechischen Antike faszinierte Architekt Theophil Hansen schuf von 1873 bis 1883 das ehemalige Reichsratsgebäude. Auch der Pallas-Athene-Brunnen vor dem heutigen Sitz des National- und des Bundesrates stammt von ihm.
I., Dr.-Karl-Renner-Ring 3 (Zugang unter der Parlamentsrampe) • U-Bahn: Volkstheater, Straßenbahn: Parlament • www.parlament.gv.at • Führungen Anfang Sept.–Mitte Juli Mo–Do 11, 14, 15 und 16, Fr 11, 13, 14, 15 und 16, Sa 11–16 Uhr (stdl.), Mitte Juli–Anfang Sept. Mo–Sa 11–16 Uhr (stdl.) • Eintritt 5 €, Kinder frei

Pestsäule F 3

Mehrere Künstler schufen von 1682 bis 1693 die hochbarocke Dreifaltigkeitssäule. Sie gilt als Vorbild vieler Pestsäulen in Österreich.
I., Graben • U-Bahn: Stephansplatz

Peterskirche E 3

Eine einst an dieser Stelle errichtete Kirche soll nach 792 von Karl dem Großen gestiftet worden sein, um den heidnischen Einfluss in der Stadt einzudämmen. Auf jeden Fall wurde die heutige Peterskirche am Standort wesentlich älterer Vorgängerinnen 1702 bis 1733 als barockes Schmuckstück erbaut. Sehenswert im Inneren ist das großartige Kuppelfresko.
I., Petersplatz • U-Bahn: Stephansplatz

Postsparkasse F 3

Einer der bedeutendsten Bauten Otto Wagners in Wien: Er gestaltete von 1904 bis 1906 und von 1910 bis 1912 die Front mit Marmorplatten und Aluminiumknöpfen sowie das Interieur.
I., Georg-Coch-Platz 2 • Straßenbahn: Georg-Coch-Platz

Prater H 2

Das ehemalige kaiserliche Jagdrevier wurde 1766 von Joseph II., dem »Reformkaiser«, der Öffentlichkeit zugänglich gemacht. Nahe dem Praterstern entstanden im sogenannten Volks- oder Wurstelprater bald Vergnügungsstätten und Wirtshäuser. Der alte Wurstelprater wurde in den letzten Kriegstagen des Jahres 1945 fast völlig zerstört, Erinnerungsstücke aus seinen vergangenen Tagen sind im **Pratermuseum** beim Riesenrad zu sehen. Im selben Gebäude ist auch das Planetarium untergebracht.

Von hoch oben den Blick über Wien genießen. Im weltberühmten Riesenrad des Praters (▶ S. 78) geht es schon seit 1897 ständig hinauf und hinab.

Noch heute bietet der Prater das ganze Jahr über Volksfestatmosphäre: Es gibt Schießbuden, Spielsalons und Eisbuden. Sein Wahrzeichen ist das **Riesenrad**, in den Jahren 1896/97 vom englischen Ingenieur Walter Basset errichtet. Von den geschlossenen Waggons aus genießt man einen herrlichen Blick.

Mit der 4 km langen Liliputbahn kann man eine Rundfahrt durch den Park unternehmen, in dem noch das Fußballstadion, die Trab- und Galopprennbahn sowie das Radstadion passive Sportbegeisterte locken. Die aktiven finden genügend Platz zum Radfahren oder Spazierengehen.
II., U-Bahn: Praterstern • www.prater.at
– Riesenrad: www.wienerriesenrad.com • Jan., März, Okt., Dez. 10–21.45, Feb., Nov. 10–19.45, April–Aug. 9–23.45, Sep. 9–22.45 Uhr • Eintritt 9 €, Kinder 4 €

Rathaus   D 2

Der Kölner Dombaumeister Friedrich Schmidt errichtete 1872 bis 1883 an der Ringstraße das neugotische Rathaus. Auf dem fast 98 m hohen Turm thront der eiserne Rathausmann, der mit seiner Standarte 6 m misst.

Der Wiener Bürgermeister, dessen Amtsräume sich im Rathaus befinden, übt seit 1922 zusätzlich die Funktion des Landeshauptmanns des Bundeslandes Wien aus; im Rathaus tagen daher auch Landesregierung (Stadtsenat) und Landtag (Gemeinderat).

Auf dem Platz vor dem Rathaus finden vielfältigste Veranstaltungen statt: Konzerte, Freiluftkino, Eislaufen … und eine Reihe von Ständen serviert Kulinarisches dazu.

📷 FotoTipp

BAROCKE HARMONIE

Für die beste Perspektive des Schlosses Schönbrunn gehen Sie durch den Park in Richtung Gloriette: Hinter den Figuren des Neptunbrunnens bietet sich ein hervorragender Standort. Die barocken Skulpturen sorgen für eine perfekte Umrahmung des Schlossbilds mit Garten.   ▶ S. 80

I., Rathausplatz • U-Bahn, Straßenbahn: Rathaus • www.wien.gv.at • Führungen Mo, Mi, Fr 13 Uhr (außer an Sitzungstagen) • Eintritt frei

Ringstraße   F/G 2

Anstelle der ehemaligen Stadtmauer und den davor liegenden Wiesen mit freiem Schussfeld (dem »Glacis«) ließ Kaiser Franz Joseph I. von 1857 bis 1865 die Ringstraße anlegen. Entlang der Straße entstanden in Folge zahlreiche Prunkbauten der unterschiedlichsten Stilrichtungen. Die 4 km lange Ringstraße gilt heute als beispielhaftes Gesamtkunstwerk. Baumeister wie Gottfried Semper, Heinrich Ferstel oder Theophil Hansen schufen antike, gotische und barocke Paläste; aber auch Bauten nach Art der Renaissance und sogar des Jugendstils passen sich schlüssig in das Gesamtkonzept ein. Um sich die prächtigen Fassaden anzusehen, setzt man sich am besten in eine Straßenbahn der Ringstraßenlinie 1.
I., U-Bahn: Rathaus, Schottentor, Schwedenplatz • Straßenbahn: Ringstraßenlinien, alle Haltestellen

Ruprechtskirche   F 2

Teile der Römersiedlung Vindobona wurden im 12. Jh. für den Bau dieser romanischen Kirche verwendet. Ihre Grundmauern sind die ältesten Mauern der Stadt, die noch benutzt werden.

I., Ruprechtsplatz • U-Bahn: Schwedenplatz

⭐ Schönbrunn 🎭 A 6

Die kaiserliche Sommerresidenz ist eines der Highlights von Wien: Die Zahl der Besucher geht weit über die Millionengrenze, für den Besuch sollte man einen ganzen Tag reservieren. Kaiser Maximilian II. ließ hier einst ein Jagdschloss erbauen, das 1683 bei der Türkenbelagerung zerstört wurde. Daraufhin plante Johann Bernhard Fischer von Erlach einen grandiosen Neubau auf dem Hügel, wo heute die Gloriette steht. Eine zweite, kostengünstigere Version wurde dann bis 1717 am jetzigen Standort ausgeführt. Sein heutiges Aussehen erhielt das Schloss aber erst unter Maria Theresia, die die Anlage anstelle der Hofburg – es heißt aus Platzmangel – zu ihrem Wohnsitz erkor und hier mit ihrem Gemahl und den 16 Kindern lebte. Sehenswert sind die **Prunkräume** des Schlosses, die meist im verspielten Rokokostil ausgeführt wurden – etwa der Spiegelsaal, wo der 6-jährige Mozart vor der Kaiserin musizierte, oder das mit Rosenholz getäfelte Millionenzimmer.

Bei einer Führung durch die Prunkräume gelangt man zuerst in die Wohnräume von Kaiser Franz Joseph und seiner Gemahlin Sisi im westlichen Trakt, wo u. a. die spartanischen Wohn- und Arbeitszimmer des Kaisers zu bestaunen sind. Dann führt die Runde über die Repräsentationsräume im Mittelteil des Schlosses zu den prachtvollen Appartements, die Maria Theresia bewohnte. Die sogenannten Franz-Karl-Appartements, die von den Eltern Kaiser Franz Josephs bewohnt wurden, beenden schließlich den Rundgang.

Schloss

Schönbrunner Schlossstr. 47–49 • U-Bahn, Straßenbahn: Schönbrunn • www.schoenbrunn.at • tgl. April–Juni, Sept., Okt. 8.30–17.30, Juli, Aug. 8.30–18.30, Nov.–März 8.30–17 Uhr • Ticket Imperial Tour 11,50 €, Kinder 8,50 €, Ticket Grand Tour 14,50 €, Kinder 9,50 €

Marionettentheater

Fast ganzjährig Aufführungen von Werken von Mozart und Strauß, aber auch Kindervorstellungen. www.marionettentheater.at • tgl. ab 11 Uhr

Wagenburg

Im Seitentrakt sind rund 60 historische Karossen ausgestellt. www.kaiserliche-wagenburg.at • Mai–Okt. 9–18, Nov.–April 10–16 Uhr • Eintritt 8 €, Kinder frei

Schlosspark

Der Park wurde im Stil eines französischen Gartens angelegt. In der Gloriette, einem Siegesdenkmal auf dem höchsten Punkt des Parks, ist ein schönes Café untergebracht. Tgl. bis Einbruch der Dunkelheit

Irrgarten & Labyrinth

Revitalisierter Irrgarten aus dem 17. Jh. mit zwei Feng-Shui-Harmoniesteinen im Zentrum. tgl. bis eine halbe Std. vor Schließzeit des Schlosses • Eintritt 4,50 €, Kinder 2,50 €

Palmenhaus

Einst futuristisch anmutende Stahl-Glas-Konstruktion aus dem Jahr 1882; wechselnde Ausstellungen.
www.bundesgaerten.at • Öffnungszeiten und Preise auf Anfrage

Wüstenhaus

In einem riesigen, 100 Jahre alten Glashaus leben Pflanzen und Tiere, die ursprünglich aus den ariden Regionen des Planeten stammen. Kakteen und Sukkulenten und ausgewählte Tiere präsentieren die vielfältigen Überlebensstrategien.
www.zoovienna.at • Mai–Sept. 9–18, Okt.–April 9–17 Uhr • Eintritt 5 €, Kinder 4 €

Tiergarten Schönbrunn

Der älteste bestehende Zoo der Welt. Kaiser Franz I. ließ ihn 1752

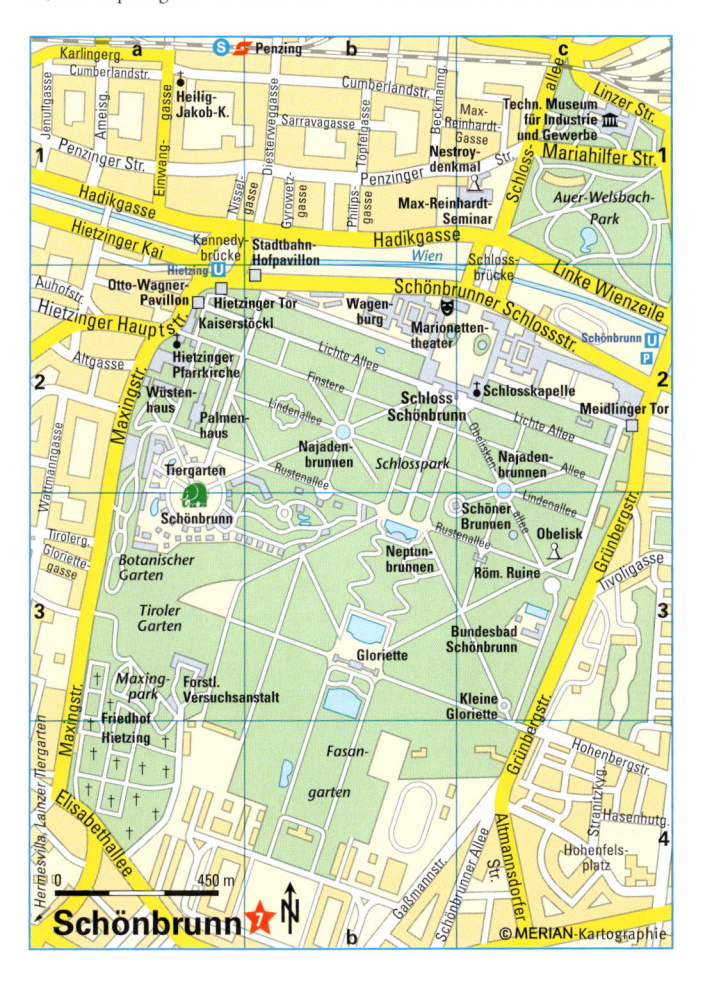

Die Spanische Hofreitschule (▸ S. 82) ist Heimat der wertvollen Lipizzaner.

errichten. Neben den klassischen Elefanten- und Raubtiergehegen gibt es ein Tiroler Bauernhaus mit Tieren zum Streicheln, das Affenhaus u. v. m. Zu den jüngsten Neuerungen zählen das Koala-Haus und das neue Affenhaus, in dem die Orang-Utans zu Hause sind. Im Regenwaldhaus kann man die Tier- und Pflanzenwelt Borneos erforschen und Flugfüchse beobachten. Und vom Baumwipfelweg, der in den Bäumen des Tiergartens errichtet wurde, hat man einen herrlichen Ausblick über die Stadt.

📷 FotoTipp

DIE BLAUE STUNDE

Die Abenddämmerung bringt die feine Eleganz der Staatsoper, die dezente Beleuchtung der Bögen im Renaissancestil, die feine Illumination der Bronzestatuen am besten zur Geltung. Standort ist die gegenüberliegende Seite des Opernrings. ▸ S. 83

XIII., U-Bahn: Schönbrunn/Hietzing • www.zoovienna.at • tgl. Nov.–Jan. 9–16.30, Feb. 9–17, März und Okt. 9–17.30, April–Sept. 9–18.30 Uhr • Eintritt 16,50 €, Kinder 8 €

Secession   E 4

Eine prachtvolle Kuppel mit 3000 vergoldeten, stilisierten Lorbeerblättern und darunter der Spruch »Der Zeit ihre Kunst. Der Kunst ihre Freiheit«. Das Jugendstilgebäude wurde in den Jahren 1897/98 von Josef Maria Olbrich errichtet und war der Ort einer Revolution gegen das konservative Künstlerhaus. Die Secessionisten rund um Otto Wagner und Gustav Klimt schufen sich damit ein Ausstellungsgebäude, das der neuen Kunstform entsprach. Fragmente des 34 m langen Beethovenfrieses von Klimt werden ausgestellt.

I., Friedrichstr. 12 • U-Bahn: Karlsplatz • www.secession.at • Di–So 10–18 Uhr • Eintritt 9 €, Kinder 5,50 € • Führungen: Sa, So 11 Uhr in engl. Sprache u. 14 Uhr in deutscher Sprache (3 €)

Spanische Hofreitschule   E 3

Wenn Reiter in Livree und weißen Hirschlederhosen auf weißen Pferden ihre Pirouetten drehen, dann weiß man, wo man ist: in der Spanischen Hofreitschule. Sie besteht seit 1572 als das älteste Reitinstitut der Welt. Die Pferde werden in der Weststeiermark gezüchtet und verbringen dort auch ihren »Sommerurlaub« (aus diesem Grund ist die Reitschule im Juli und August geschlossen).

Die Stallungen sind im Renaissancebau der Stallburg untergebracht. Im 50 x 19 m messenden Reitsaal der benachbarten Winterreitschule, der

Schönbrunn – Staatsoper

für viele als der schönste der Welt gilt, finden die öffentlichen Vorführungen statt. Man kann den Schimmeln und ihren staatlichen Rittmeistern bei der Morgenarbeit zusehen oder das benachbarte Lipizzanermuseum (▶ S. 93) besuchen.
I., Michaelerplatz 1 (Eingang vom Josefsplatz) • U-Bahn: Stephansplatz • www.srs.at • Voranmeldung wird empfohlen, Vorführungen und Preise siehe Homepage • Morgenarbeit mit Musik: auf Anfrage • Eintritt 14 €, die Karten sind online buchbar

Staatsoper E 4

Die Staatsoper wurde von Eduard van der Nüll und August von Sicardsburg von 1861 bis 1869 im Stil der italienischen Renaissance errichtet. Sie gilt als das imposanteste Gebäude an der Ringstraße. Die Oper kann nach telefonischer Anmeldung besichtigt werden. Wenige Schritte entfernt kann man im Staatsopernmuseum die Geschichte des Hauses bis zur Eröffnungspremiere von Mozarts »Don Giovanni« im Jahr 1869 anhand von historischen Kos-

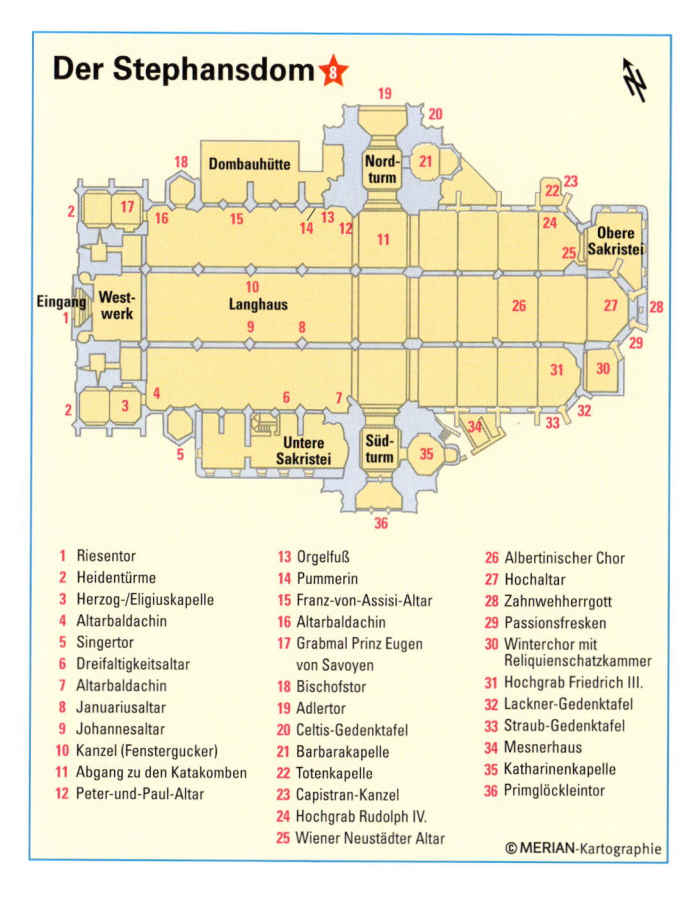

Der Stephansdom

1 Riesentor
2 Heidentürme
3 Herzog-/Eligiuskapelle
4 Altarbaldachin
5 Singertor
6 Dreifaltigkeitsaltar
7 Altarbaldachin
8 Januariusaltar
9 Johannesaltar
10 Kanzel (Fenstergucker)
11 Abgang zu den Katakomben
12 Peter-und-Paul-Altar
13 Orgelfuß
14 Pummerin
15 Franz-von-Assisi-Altar
16 Altarbaldachin
17 Grabmal Prinz Eugen von Savoyen
18 Bischofstor
19 Adlertor
20 Celtis-Gedenktafel
21 Barbarakapelle
22 Totenkapelle
23 Capistran-Kanzel
24 Hochgrab Rudolph IV.
25 Wiener Neustädter Altar
26 Albertinischer Chor
27 Hochaltar
28 Zahnwehherrgott
29 Passionsfresken
30 Winterchor mit Reliquienschatzkammer
31 Hochgrab Friedrich III.
32 Lackner-Gedenktafel
33 Straub-Gedenktafel
34 Mesnerhaus
35 Katharinenkapelle
36 Primglöckleintor

© MERIAN-Kartographie

tümen und Bühnenbildentwürfen zurückverfolgen. Seit September 2014 gibt es mit dem stadtTheater Walfischgasse eine neue Spielstätte für die Kinderoper: Produktionen, die auf Kinder und Jugendliche zugeschnitten sind (stadttheater.org).
I., Opernring 2 • U-Bahn: Karlsplatz/Oper, Straßenbahn: Staatsoper • www.wiener-staatsoper.at
– **Führung Staatsoper:** Tel. 5 14 44 26 14 • Eintritt 7,50 €, Kinder 3,50 €

8 Stephansdom F 3

Der bedeutendste gotische Bau Österreichs: Auch ohne vollendeten Nordturm (wo seit 1958 die gewaltige Glocke »Pummerin« läutet) ist der »Steffl« mit dem imposanten, 137 m hohen **Südturm** das Wahrzeichen Wiens. Von oben bietet sich eine grandiose Aussicht über die Stadt; allerdings muss man dazu die 343 Stufen bis zur 73 m hohen Türmerstube überwinden und dem »Drehwurm« auf der steilen Wendeltreppe trotzen. Vom **Nordturm** genießt man einen Ausblick über die Stadt, der bis weit hinter die Donau reicht. Die **Westfassade** mit dem Riesentor hat sich noch vom romanischen Bau erhalten, der Rest hingegen ist gotisch: Von 1304 bis 1340 wurde der dreischiffige Hallenchor errichtet, 1359 das Langhaus. 1433 wurde der Südturm vollendet. Die Arbeiten am Nordturm wurden 1511 eingestellt. Im Inneren ist die von Anton Pilgram 1514/15 geschaffene **Kanzel** – der »Fenstergucker« an ihrem Sockel ist der Dombaumeister selbst – sehenswert; auch das Grabmal von Kaiser Friedrich III. in rotem Marmor (erbaut 1467 bis 1513 von Niclas Gerhaert van Leyen) und der Wiener Neustädter Altar, ein kunstvoll verzierter gotischer Flügelaltar (1477), lohnen den Blick. Das barocke Grabmal Prinz Eugens von Savoyen befindet sich ebenfalls in der Kirche. Neben dem Aufzug zum Nordturm befindet sich der Abgang zu den **Katakomben**: Hier stehen 56 Urnen mit Eingeweiden von Habsburgern, deren Körper in der **Kapuzinergruft** ★ (▶ S. 72) ruhen. Daneben sind noch Herzog Rudolf der Stifter und 14 weitere Habsburger hier bestattet.
I., Stephansplatz • U-Bahn: Stephansplatz • www.stephanskirche.at
– **Domführungen:** Mo–Sa 10.30, tgl. 15 Uhr • Eintritt 5 €, Kinder 2 €
– **Südturm/Treppe:** 9–17.30 Uhr • Eintritt 4 €, Kinder 1,50 €
– **Nordturm/Aufzug:** Jan.–Juni 8.15–16.30, Juli, Aug. tgl. 8.15–18, Sept.–Dez. tgl. 8.15–16.30 Uhr • Eintritt 5 €, Kinder 2 €
– **Katakombenführungen:** Mo–Sa 10–11.30, tgl. 13.30–16.30 Uhr (viertel- oder halbstdl.) • Eintritt 5 €, Kinder 2 €

Strudlhofstiege D 1

Heimito von Doderer setzte ihr in seinem Werk »Die Strudlhofstiege oder Melzer und die Tiefe der Jahre« ein Denkmal. Die Freitreppe zwischen der Strudlhofgasse und der

📷 FotoTipp

ALT UND NEU

Vor dem Café de l'Europe hat man ein Steffl-Motiv, das Moderne und Mittelalter verbindet: Die sonnenbeschienene Fassade des Doms spiegelt sich in der modernen Glasfassade des von Hans Hollein geschaffenen Haas-Hauses gegenüber. ▶ S. 84

Staatsoper – Universitätscampus

Der Stephansdom (▶ S. 84) mit seinem imposanten Südturm, auch »Steffl« genannt, beherrscht seit 1433 die Skyline der Wiener Innenstadt.

Liechtensteinstraße ist aber auch für Literaturmuffel sehenswert: Sie ist eines der bedeutendsten Bauwerke des Jugendstils in Wien und wurde von Johann Theodor Jaeger entworfen. Die Anlage ist mit einem zweiteiligen Brunnen geschmückt.
IX., Strudlhofgasse/Liechtensteinstraße • U-Bahn: Josefstädter Straße

Synagoge F 2
Die Synagoge in der heutigen Seitenstettengasse überstand als einzige der Stadt die Pogromnacht von 1938. Vorher hatte Wien 94 Synagogen. Das jüdische Gotteshaus wurde 1825/26 nach Plänen von Josef Kornhäusel entworfen.
I., Seitenstettengasse 2–4 • U-Bahn: Schwedenplatz

Universitätscampus D 1/2
Das ehemalige AKH (Allgemeines Krankenhaus) war einst, als Kaiser Joseph II. es 1784 errichten ließ, das modernste Krankenhaus der Welt.

Um einen großen Hof gruppieren sich 12 kleinere Höfe, und in der Sensengasse steht noch der 5-stöckige kreisrunde »Narrenturm«, in dem früher die psychisch Kranken »verwahrt« wurden. Heute ist hier das **Pathologisch-Anatomische Bundesmuseum** mit einer sinistren Sammlung von künstlichen Organen, konservierten Föten etc. untergebracht. Ein Besuch kann nur Leuten mit starken Nerven anempfohlen sein.

Im alten AKH – übrigens nicht zu verwechseln mit dem neuen AKH – wurde auch die weltberühmte Wiener Medizinische Schule geboren. Der Gebäudekomplex ist heute ein Teil der Universität. Einer der Innenhöfe gilt dessen ungeachtet im Sommer als »schönster Biergarten der Stadt«.

IX., Alser Straße/Spitalgasse • U-Bahn: Rathaus/Schottentor

– Pathologisch-Anatomisches Bundesmuseum: Anmeldung zu Führungen erbeten unter Tel. 5 2177-6 05 • www.nhm-wien.ac.at/narrenturm • Mi 9–21, Do–Mo 9–18.30 Uhr • Eintritt 2 €, Kinder frei

UNO-City K 1

Das »Vienna International Centre« wurde in den Jahren 1973 bis 1979 nach Plänen des Architekten Johann Staber für die ansässigen UN-Organisationen errichtet. Neben Genf und New York ist Wien der dritte Amtssitz der Vereinten Nationen. Die 4 Bürotürme mit ihren etwa 24 000 Fenstern sind schon aus der Ferne gut zu sehen.

XXII., Wagramer Straße/Donaupark • U-Bahn: Donauinsel • www.unvienna.org • Führungen Mo–Fr 11, 14 und 15.30 Uhr • Eintritt 7 €, Kinder 4 € (unbedingt einen gültigen Lichtbildausweis mitnehmen!)

Auf dem schönen Zentralfriedhof (▶ S. 87) sind viele namhafte Wiener begraben. Dadurch hat sich der Ort zu einem beliebten Ausflugsziel entwickelt.

Volksgarten E3

Der für die Wiener Bürger freigegebene Teil der von Napoleon zerstörten Burgbastei (der andere war der kaiserliche Burggarten) mit Denkmälern von Kaiserin Elisabeth und Franz Grillparzer ist der zweitälteste Park der Stadt; er wurde im Jahr 1823 angelegt. Der Theseustempel in der Mitte des Gartens wurde dem athenischen Theseion nachempfunden.
I., Dr.-Karl-Renner-Ring • U-Bahn: Volkstheater

Votivkirche D2

Manche Wienbesucher halten die in den Jahren 1856 bis 1879 von Heinrich von Ferstel errichtete neugotische Votivkirche auf den ersten Blick für den Stephansdom. Ihr Bau wurde als Dank für die Errettung des jungen Kaisers Franz Joseph vor einem Attentat initiiert. Im Inneren ist ein Renaissance-Grabmal für Graf Niklas Salms (den Befehlshaber während der ersten Türkenbelagerung 1529) sehenswert.
IX., Rooseveltplatz • U-Bahn: Schottentor

Wiener Sängerknaben

Der berühmte Knabenchor tritt – mit Ausnahme der Sommermonate – an verschiedenen Orten in Wien auf. Jeden Sonntag um 9.15 Uhr (pünktlich!) findet eine Messe in der Burgkapelle im Schweizerhof der Hofburg statt. Die Messe wird von der Hofmusikkapelle untermalt – bestehend aus Mitgliedern der Sängerknaben und Teilen des Chors und Orchesters der Wiener Staatsoper. An der Tageskasse der Burgkapelle gibt es jeden Freitag von 15 bis 17 Uhr Restkarten für den folgenden Sonntag.

Die Sängerknaben sind im Mai, Juni, September und Oktober zudem jeden Freitag um 16 Uhr im Brahmssaal des Musikvereins zu hören. www.wsk.at

Wotrubakirche A6

Nach Entwürfen des Wiener Bildhauers Fritz Wotruba (1907–1975) wurde diese Kirche zur Heiligsten Dreifaltigkeit im Jahr 1976 aus versetzt angeordneten Quadern geschaffen.
XXIII., Mauer, Georgsgasse • S-Bahn: Atzgersdorf-Mauer, Bus: Kaserngasse • www.georgenberg.at • Besichtigung Sa 14–20, So 9–16.30 Uhr

Zentralfriedhof J6

Drei Millionen Wiener haben hier ihre letzte Ruhestätte gefunden. 2000 Ehren- und Prominentengräber sorgen dafür, dass der Zentralfriedhof, der weit draußen an der östlichen Peripherie gelegen ist, auch ein beliebtes Ausflugsziel für die Bevölkerung geworden ist: Beethoven und Gluck, Nestroy und Anzengruber ruhen neben vielen anderen großen Persönlichkeiten im Ehrenhain; auch Hans Moser, Curd Jürgens und Helmut Qualtinger wurden auf dem 2,5 qkm großen Areal beigesetzt. Die Stile der oft bombastischen Grabstellen sind vielfältig, manche brauchen selbst einen Vergleich mit dem Ringstraßenprunk nicht zu scheuen. Friedhofsführer – vom Faltblatt bis zum Bildband – erhalten Sie an Tor 2.
XI., Simmeringer Hauptstr. 234 • S-Bahn: Zentralfriedhof, Straßenbahn: Tor 1, Tor 2, Tor 3 • www.zentralfriedhof.at • Mai–Aug. 7–20, März, Okt., Nov. 7–18, April 7–19, Dez.–Feb. 8–17 Uhr

Museen und Galerien

Über 120 Museen und Galerien gibt es in Wien – ein riesiges Angebot, das die Besucher begeistert. Wohl dem, der mehr als ein paar Tage in Wien verbringen kann.

◄ Außen modern, innen Jugendstil: Das Leopold Museum (▶ S. 93) ist der Besuchermagnet des MuseumsQuartiers.

Vielleicht liegt es am Hang der Wiener zum Sammeln – vielleicht ist auch nur in der einstigen Kapitale eines Weltreiches mit 50 Millionen Menschen so viel an Ausstellenswertem »hängen geblieben« ... Auf jeden Fall lohnen viele Wiener Museen einen Besuch. Natürlich gehören vor allem die großen und bedeutenden Sammlungen wie das **Kunsthistorische**, das **Naturhistorische**, die Museen der **Hofburg** ⭐, das **Wien Museum**, die **Albertina** oder das **Jüdische Museum** zum Pflichtprogramm.

Für den fortgeschrittenen Stadtbummler lohnen dann die **Museen der Ringstraße** oder die Galerien im **Oberen Belvedere**: Hier werden die Besucher weniger, und der Genuss nimmt zu. Nahezu ganz unter Einheimischen ist man schließlich in den unbekannteren der Wiener Museen, etwa dem **Bestattungsmuseum**, dem **Fiakermuseum** und auch dem **Josephinum** mit seinen fast makabren Ausstellungsstücken von in Wachs modellierten Körperteilen.

Eine Ansammlung verschiedener Ausstellungen findet man im **MuseumsQuartier** ⭐. Untergebracht in den ehemaligen Hofstallungen, sind hier einige der bedeutendsten Museen und Sammlungen Wiens vereint: das **Leopold Museum** mit der weltweit größten Schiele-Sammlung, das **Museum moderner Kunst Stiftung Ludwig Wien** mit seiner ebenfalls außerordentlichen Sammlung moderner und zeitgenössischer Kunst und die **Kunsthalle Wien**. Mit dem **Architektur Zentrum** und dem **ZOOM Kindermuseum** ergibt das eine breite Palette, für die man sich schon einen ganzen Museumstag reservieren sollte.

Gerade die Museen rund um die Hofburg sind bei Gästen und Einheimischen gleichermaßen beliebt; einen Besuch sollte man daher nach Möglichkeit auf den frühen Morgen legen. Etabliert hat sich auch ein langer Museumsabend: Meist am Donnerstag, manchmal auch am Dienstag oder Mittwoch sind einige Häuser bis 22 Uhr geöffnet. In den meisten Museen erhält man übrigens mit der Wien-Karte (▶ S. 123) eine Ermäßigung auf den Eintritt.

Über die wechselnden Ausstellungen in den Museen und Galerien der österreichischen Metropole informiert man sich am besten in den Wiener Tageszeitungen, in den Stadtmagazinen »Falter« und »City« oder über »WienTourismus«.

MUSEEN

21er Haus   südlich G 6

Im neuen Museum zeitgenössischer Kunst finden seit der Eröffnung 2011 Teile der Sammlung des Belvedere eine permanente Ausstellungsfläche – vor allem Nachkriegsmoderne und Gegenwartskunst aus Österreich.

III., Arsenalstr. 1, Schweizergarten • U-Bahn: Südtirolerplatz • www.21erhaus.at • Mi, Do 11–21, Fr–So 11–18 • Eintritt 7 €, Kinder frei (Kombiticket mit Belvedere möglich)

Akademie der Bildenden Künste

E 4

Die einzige Hochschule in Österreich, der eine Galerie alter Meister angegliedert ist: holländische und flämische Malerei, darunter Rembrandt und Rubens, aber auch Cranach und Tizian.

I., Schillerplatz 3 • U-Bahn: Museumsquartier • www.akbild.ac.at • Di–So 10–18 Uhr • Eintritt 8 €, Kinder frei, Führungen 3 €

⭐ Albertina E 3

Erst seit wenigen Jahren erstrahlt die Albertina wieder im alten Glanz: Nach einer umfassenden Renovierung wurde aus dem klassizistischen Palais nahe der Hofburg eine der bedeutendsten Ausstellungsstätten der Stadt. Hier finden wechselnde Großausstellungen von Rubens, Chagall oder Rembrandt ebenso Platz wie kleine feine Schauen zeitgenössischer Kunst.

Die hauseigene Sammlung umfasst zahlreiche Meisterwerke der Moderne – u. a. Monet, Picasso und Kandinsky. Hinzu kommt die umfangreichste Sammlung grafischer Werke weltweit (unter anderem mit Dürers »Hasen«), eine namhafte Skulpturen- und eine Fotosammlung. Sehenswert sind auch die Habsburgischen Prunkräume mit 21 Gemächern und zum größten Teil Originalgemälden und -möbeln.

I., Augustinerstr. 1 • U-Bahn: Karlsplatz/Oper • www.albertina.at • tgl. 10–18, Mi 10–21 Uhr • Eintritt 11,90 €, Kinder frei

Bestattungsmuseum F 6

Der Tod, das muss ein Wiener sein ... Deshalb wurden hier auch die Beerdigung und die »schöne Leich'« zur Kunst erhoben. Neben vielen anderen makabren Exponaten ist auch der berühmte »Sparsarg« aus den Tagen Josephs II. ausgestellt: Er ließ sich mittels einer Klappe unten öffnen, die Leiche fiel ins Grab – und der Sarg konnte zum weiteren Gebrauch mitgenommen werden ... Passenderweise ist das Museum seit September 2014 am Zentralfriedhof zu finden.

XI., Simmeringer Hauptstr. 234 • Straßenbahn: Zentralfriedhof • Öffnungszeiten und Tarife auf Anfrage

Fälschermuseum H 3

Van Gogh, Rembrandt und Klimt unter einem Dach – nicht die Originale, aber hervorragende »echte« Fälschungen weltberühmter Gemälde und dazu Geschichten über die berühmtesten Fälscher.

III., Löwengasse 28 • www.faelschermuseum.com • Straßenbahn: Hetzgasse • Di–So 10–17 Uhr • Eintritt 5 €, Kinder 2,50 €

Gartenpalais Liechtenstein D 1

Wiens jüngster Kunsttempel zeigt die Sammlung der Fürsten Liechtenstein: Rubens, van Dyck, Cranach oder Raffael. Schon das barocke Palais Liechtenstein und der herrliche Garten sind einen Besuch wert!

IX., Fürstengasse 1 • U-Bahn: Rossauer Lände • www.liechtensteinmuseum.at • Führungstermine und Eintritt auf Anfrage

Hofjagd- und Rüstkammer E 3

Seit ihrer Renovierung präsentiert sich die Hofjagd- und Rüstkammer in der Hofburg in neuem Glanz; sie gilt als weltweit bedeutendste Sammlung ihrer Art. Rüstungen und Waffen aus fünf Jahrhunderten sind hier zu sehen: die verschiedensten Prunkharnische der österreichischen Kaiser, dazu Kettenhemden und Streitkolben, elfenbeinverzierte Pistolen und darüber hinaus auch der Hinterladerstutzen, mit dem Kaiser Franz Joseph einst auf die Jagd ging.

I., Hofburg/Heldenplatz • Straßenbahn: Heldenplatz • www.khm.at •

Akademie der Bildenden Künste – Jüdisches Museum

Den neuen Eingangsbereich der Albertina (▶ S. 90) überspannte Hans Hollein mit einem spektakulären, 64 m langen Dach aus Titan.

Mi–So 10–18 Uhr • Eintritt 14 € (in Kombiticket mit Kunsthist. Museum)

Josephinum D 1

In der einstigen chirurgisch-medizinischen Militärakademie befindet sich die von Kaiser Joseph II. in Auftrag gegebene Kollektion von anatomischen Wachsfiguren. Der Kaiser ließ seine Militärärzte daran die inneren Organe des Menschen studieren – er fand, dass die Mediziner zu schlecht ausgebildet waren.

Heute ergötzen sich Museumsbesucher an den sehr lebensecht gestalteten Ausstellungsstücken, deren künstlerischer Wert außer Frage steht: Frauen mit offen gelegten Innereien, perlengeschmückt auf Samt gebettet; Männer mit abgeschälten Muskelpaketen in hohen Glasvitrinen …

IX., Währinger Str. 25 • Straßenbahn: Sensengasse • www.josephinum. meduniwien.ac.at • Fr, Sa 10–18 Uhr (Führungen Fr 11 Uhr) • Eintritt 4 €, Kinder frei

Jüdisches Museum der Stadt Wien E 3

Das Museum wurde im Jahr 1993 in einem alten Gebäude, dessen Geschichte ins Mittelalter zurückreicht, eingerichtet und 1995/96 von den Architekten Eichinger & Knechtl erweitert. Die Ausstellungen widmen sich der langen Geschichte der Juden in Wien – und dem Holocaust: Von einstmals 183 000 jüdischen Mitbürgern wurden 60 000 ermordet. Daneben gibt es regelmäßig Ausstellungen über wechselnde jüdische Themen.

Im Schaudepot sind alle großen Sammlungen des Museums sichtbar, darunter die Sammlung der Israelitischen Kultusgemeinde und verschiedene Privatkollektionen.

Der zweite Standort des Museums am Judenplatz gibt Einblick in das jüdische Wien im Mittelalter und zeigt Wechselausstellungen zu jüdischen Themen. Nach dem Besuch der Museen lohnt ein Abstecher ins Café Eskeles in der Dorotheergasse, dort werden mediterrane und israelische Spezialitäten kredenzt.

Das Kunsthistorische Museum (▶ S. 92) birgt Stücke aus sieben Jahrtausenden.

I., Dorotheergasse 11 • U-Bahn: Stephansplatz • www.jmw.at • So–Fr 10–18 Uhr • Eintritt 10 €, Kinder frei. Die Eintrittskarte berechtigt Sie innerhalb von 4 Tagen zum Besuch des zweiten Standorts:
I., Judenplatz 8 • U-Bahn: Stephansplatz • So–Do 10–18, Fr 10–14 Uhr

Kunsthalle project space karlsplatz   E 4

Einst war die Kunsthalle Wien in einem gelben Container am Karlsplatz zu finden, dann siedelte das Haupthaus ins MuseumsQuartier über. Inzwischen wurde aus dem Container ein Glaspavillon – Kunsthalle project space karlsplatz genannt. Im Glaspavillon ist nach wie vor das zu sehen, wofür die Kunsthalle eigentlich steht: zeitgenössische Kunst.
IV., Treitlstraße 2 • U-Bahn: Karlsplatz • www.kunsthallewien.at • Öffnungszeiten und Preise auf Anfrage

KunstHausWien   H 2

Wer sich für die fehlenden Geraden im Werk Hundertwassers interessiert, ist im KunstHaus richtig: Dort ist eine ständige Schau des Meisters zu sehen. Sonst gibt es Ausstellungen aus Klassik und Avantgarde.
III., Untere Weißgerberstr. 13 • Straßenbahn: Radetzkyplatz • www.kunsthauswien.com • tgl. 10–19 Uhr • Eintritt 10 €, Kinder frei (bis 10)/5 €

Kunsthistorisches Museum   E 4

Die Geschichte der Kunst aus österreichischer Sicht wird hier gezeigt. Und die ist weltumspannend, schließlich nannte die K.-u.-k.-Monarchie auch einmal Besitzungen in Übersee ihr Eigen. Daher ist »das Kunsthistorische« eines der bedeutendsten Museen der Welt – nicht nur wegen der Gemäldegalerie mit der größten Brueghel-Sammlung der Welt, sondern auch wegen der Ägyptisch-Orientalischen, der Antikensammlung und der Sammlung für Plastik und Kunstgewerbe.
Seit 2013 ist die Kunstkammer im Hochparterre wieder geöffnet: Sie wurde von den Habsburgern in Jahrhunderten zusammengetragen. Zu sehen sind Gold- und Steinarbeiten ebenso wie Automaten und Uhren.

I., Maria-Theresien-Platz • U-Bahn: Volkstheater • www.khm.at • Juni–Aug. tgl. 10–18, Do 10–21, Sept.–Mai Di–So 10–18, Do 10–21 Uhr • Eintritt 14 € (gilt auch für Neue Burg)

Lipizzanermuseum E3

In der ehemaligen Hofapotheke in der Stallburg zeigt das neu eingerichtete Museum anhand von Schaustücken und Gemälden die Geschichte der berühmten weißen Pferde.
I., Reitschulgasse 2 • U-Bahn: Herrengasse • www.khm.at • tgl. 9–18 Uhr • Eintritt 5 €

MuseumsQuartier D4

In den ehemaligen Hofstallungen verband das Architektenteam Laurids & Manfred Ortner und Martin Wehdorn Barock mit Moderne. Untergebracht sind hier einige der bedeutendsten Kunstsammlungen Österreichs: das Leopold Museum und das Museum Moderner Kunst Stiftung Ludwig mit seiner grandiosen Sammlung internationaler sowie österreichischer Kunst aus dem 20. Jh. Außerdem sind hier die Kunsthalle Wien mit Wechselausstellungen, das Architektur Zentrum Wien und das ZOOM Kindermuseum beheimatet. Im quartier21 finden auf den Kunstflaniermeilen »Electric Avenue« sowie »transeuropa« auf 4000 qm ca. 20 neue Kulturinitiativen Platz, ebenso die Wiener Festwochen und das Tanzfestival ImPulsTanz (▶ S. 117).
VII., Museumsplatz 1 • U-Bahn: Volkstheater • www.mqw.at • MQ Kombi-Ticket 29,90 €

Architektur Zentrum Wien

Wechselnde Ausstellungen widmen sich der österreichischen Architektur und ihren bekanntesten Vertre-

⭐ MERIAN Tipp

GEDÄCHTNISSTÄTTEN UND STERBEZIMMER

Fast allen berühmten Söhnen und Besuchern der Stadt ist in Wien ein kleines Museum gewidmet: Bei Beethoven sind es gleich drei. ▶ S. 21

tern, wie Otto Wagner und Adolf Loos. Vorträge und Führungen.
www.azw.at • tgl. 10–19 Uhr • Eintritt 7 €

Dschungel Wien – Theaterhaus für junges Publikum

Auf zwei Bühnen gibt es Theater, Tanz oder Performance für Kinder und Jugendliche.
www.dschungelwien.at • Mo–Fr 14.30–18.30, Sa 14.30–16.30 Uhr Uhr; Aufführungszeiten variieren • Eintritt ab 6 €

KUNSTHALLE Wien

Seit 1992 wurden in 180 Ausstellungen zeitgenössischer Kunst mehr als 2000 Künstler präsentiert. Inzwischen hat die Kunsthalle zwei Standorte: neben dem »historischen« Bau am Karlsplatz das neue Haupthaus im MuseumsQuartier. Dabei wurde bewusst auf architektonische Spielereien verzichtet und ein sehr klarer minimalistischer Stil bewahrt. Auch hier steht natürlich die zeitgenössische Kunst in all ihren Spielarten im Mittelpunkt.
www.kunsthallewien.at • tgl. 10–19, Do 10–21 Uhr • Eintritt 8 €

Leopold Museum

Das Leopold Museum nennt sich selbst auch das »Jugendstilmuseum«, und das zu Recht: Einige der wich-

tigsten Werke von Egon Schiele – wie sein Selbstbildnis von 1910 – oder Gustav Klimt sind hier zu finden, dazu Meisterwerke des Secessionismus, der Wiener Moderne und des Expressionismus. Die mehr als 5000 Exponate wurden von Rudolf und Elisabeth Leopold in fünf Jahrzehnten zusammengetragen.
www.leopoldmuseum.org • tgl. 10–18, Do 10–21 Uhr • Eintritt 12 €

MUMOK – Museum moderner Kunst Stiftung Ludwig Wien
Einst hieß es Museum des Zwanzigsten Jahrhunderts oder kurz: 20er Haus und stand im Schweizer Garten, inzwischen ist es ein kubischer, mit Basaltlava ummantelter Bau (gestaltet vom Architektenteam Ortner & Ortner) und das Herz des Museums-Quartiers. Die Sammlung umfasst heute rund 9000 Werke moderner Kunst österreichischer und internationaler Provenienz – darunter Größen der Pop-Art und des Fotorealismus, die vom Sammlerehepaar Ludwig in die Museumsstiftung eingebracht wurden. Als Dank wurden sie im Museumsnamen verewigt.
www.mumok.at • Mo 14–19, Di–So 10–19, Do 10–21 Uhr • Eintritt 10 €

ZOOM Kindermuseum
Ausstellungen, Workshops und Spiele mit pädagogischem Anspruch für Kinder von 0 bis 14 Jahren.
www.kindermuseum.at • Di–Fr 8.30–16, Sa, So, Ferien 9.45–16 Uhr • Ausstellung: frei, Atelier: 6 €, Ozean: 4 €

Naturhistorisches Museum

D 3

Das Schwesterinstitut des Kunsthistorischen Museums auf der rechten Seite des Maria-Theresien-Platzes ist eines der bedeutendsten Museen der Welt. Die frühesten Sammlungen des Naturhistorischen Museums wurden vor 250 Jahren angelegt, inzwischen sind es 20 Millionen Objekte, die wissenschaftlich betreut werden. Zu den Besonderheiten des Museums gehören die Venus von Willendorf, die 25 000 Jahre alte Statue einer Fruchtbarkeitsgöttin, oder die Fanny vom Galgenberg bei Stratzing, ein 32 000 Jahre altes Kunstwerk.
Hinzu kommen einzigartige Exponate wie die Stellersche Seekuh (seit 200 Jahren ausgestorben), Originalskelette von Sauriern, Stopfpräparate ausgestorbener Tierarten und eine umfangreiche Mineraliensammlung. Herumstreunen lohnt sich.
I., Burgring 7 • U-Bahn: Volkstheater • www.nhm-wien.ac.at • Do–Mo 9–18.30, Mi 9–21 Uhr • Eintritt 10 €, Kinder frei

Österreichische Galerie im Oberen Belvedere G 5
Das Museum hat sich der Kunst des 19. und 20. Jh. und den Werken der »Parademaler« Gustav Klimt und Egon Schiele verschrieben. Moderne Kunst von Oskar Kokoschka und Fritz Wotruba hat hier und im nahen 21er Haus ihren Platz gefunden.
III., Prinz-Eugen-Str. 27 • Straßenbahn: Unteres Belvedere • www.belvedere.at • tgl. 10–18 Uhr • Eintritt 12,50 €, Kinder frei

Österreichisches Museum für Angewandte Kunst (MAK) G 3
Das MAK ist das älteste Kunstgewerbemuseum auf dem Kontinent und wurde 1868 bis 1871 nach Plänen Heinrich Ferstels errichtet. Unter den Sammlungen ist ein eigener

Die Brüder Thonet revolutionerten im 19. Jh. den Möbelbau. Ihnen ist im Museum für Angewandte Kunst (▶ S. 95) eine eigene Abteilung gewidmet.

Schauraum mit Thonet-Stühlen von 1830 bis 1930 eingerichtet worden. Die Wiener Werkstätte und der Jugendstil sind umfassend dokumentiert. Dazu kommen Shop, Café und ein Restaurant am Stubenring.
I., Stubenring 5 • Tel. 7 11 36-0 • www.mak.at • U-Bahn, Straßenbahn: Stubentor • Mi–So 10–18, Di 10–22 Uhr • Eintritt 7,90 €, Kinder frei, Di 18–22 Uhr Eintritt frei

Pathologisch-Anatomisches Bundesmuseum
▶ Universitätscampus, S. 85

Phantastenmuseum Wien E3
Das Museum im Obergeschoss des Palais Palffy widmet sich der Sammlung und Dokumentation von Werken der bildenden Kunst des Wiener Phantastischen Realismus und seiner internationalen Verbindungen in einer Dauerausstellung, die einen Überblick über das internationale phantastische Kunstschaffen bietet. Gezeigt werden etwa 150 Werke von mehr als 120 Künstlern aus dem In- und Ausland.
I., Josefsplatz 6 • U-Bahn: Stephansplatz • www.phantastenmuseum.at • tgl. 10–18 Uhr • Eintritt 9 €, Kinder unter 6 Jahren frei

Schatzkammer E3
In der Geistlichen und Weltlichen Schatzkammer in der Hofburg sind die Reichsinsignien der Habsburger zu finden: vom Burgunderschatz über die Krone des Heiligen Römischen Reiches aus dem 10. Jh. bis zur Österreichischen Kaiserkrone, der ehemaligen Krone Rudolfs II. – Exponate von unermesslichem Wert.
I., Hofburg, Schweizerhof • U-Bahn: Herrengasse • www.kaiserliche-schatzkammer.at • Mi–Mo 9–17.30 Uhr • Eintritt 12 €

MUSEEN UND GALERIEN

Sigmund Freud Museum E1

Sigmund Freud, dem Begründer der Psychoanalyse und Wiens berühmtestem Wissenschaftler, ist dieses Museum gewidmet: In seinen Wohn- und Praxisräumen in der Berggasse, wo Freud mit seiner Familie 47 Jahre lang lebte, sind die originalen Möbel, Gebrauchsgegenstände und die Antikensammlung zu sehen. Es gibt wechselnde Sonderausstellungen.
IX., Berggasse 19 • U-Bahn: Schottentor • Bus: Berggasse • www.freud-museum.at • tgl. 10–18 Uhr • Eintritt 9 €, Kinder frei

Theatermuseum E3

Das Palais Lobkowitz besitzt ein Barockportal von Johann Bernhard Fischer von Erlach (1709–1711). Dahinter verbirgt sich eine faszinierende Kollektion Wiener Theaterlebens: Bühnenmodelle, Requisiten und mehr. Eigene Kinderabteilung.
I., Lobkowitzplatz 2 • U-Bahn: Stephansplatz • www.theatermuseum.at • Mi–Mo 10–18 Uhr • Eintritt 8 €, Kinder frei

Weltmuseum E3

Eine der bedeutendsten ethnologischen Sammlungen der Welt beherbergt dieses Museum. Allein Erzherzog Franz Ferdinand brachte von seiner Weltreise 1892/93 14 000 Sammelobjekte ins Museum mit. Unter den Exponaten, darunter 25 000 historische Fotografien, stechen Federarbeiten aus Mexiko, Bronzen aus dem westafrikanischen Benin und die Brasiliensammlung hervor. Zu sehen ist auch die Sammlung, die James Cook von seinen

Die Säugetiersammlung, eine von vielen Abteilungen des Naturhistorischen Museums (▶ S. 94), zieht besonders Kinder in ihren Bann.

Reisen mitbrachte. Das Museum ist wegen Umbaus bis 2016 geschlossen.
I., Neue Burg • U-Bahn: Museumsquartier • www.weltmuseumwien.at • Mi-Mo 10–18 Uhr • Eintritt 8 €, Kinder frei

Wien Museum F 4

Das Wien Museum präsentiert Kunst- und historische Sammlungen zur Geschichte der Stadt, etwa eine Gemäldesammlung mit Werken von Gustav Klimt und Egon Schiele. Daneben existiert eine Reihe von Dependancen – von der Hermesvilla im Lainzer Tiergarten (ehemals Schloss der Kaiserin Elisabeth) bis zum Schubert-Sterbezimmer. Jeden 1. So im Monat frei.
IV., Karlsplatz • U-Bahn: Karlsplatz • www.wienmuseum.at • Di–So 10–18 Uhr • Eintritt 8 €, Kinder frei

Verkehrsmuseum Remise H 4

Im neu eröffneten Verkehrsmuseum in der Remise in Erdberg erwartet den Besucher eine interaktive Zeitreise in 150 Jahre Geschichte des öffentlichen Verkehrs in Wien: von der Pferdetramway bis zur U-Bahn (deren Netz man in einem Simulator abfahren kann).
III., Ludwig-Koeßler-Platz • U-Bahn: Schlachthausgasse • www.wienerlinien.at • Öffn.-Zeiten/Preise auf Anfr.

GALERIEN

Galerie Ariadne E 5

Junger zeitgenössischer österreichischer Kunst widmet sich diese engagierte Galerie im IV. Bezirk.
IV., Fleischmanngasse 1 • U-Bahn: Mayerhofgasse • Tel. 0664/8 76 54 69 • www.ariadne.at • Di–Fr 13–19, Sa 11–16 Uhr

Galerie Ernst Hilger E 3

Das Programm umfasst klassische Moderne ebenso wie zeitgenössische österreichische Kunst.
I., Dorotheergasse 5 • U-Bahn: Stephansplatz • www.hilger.at • Di–Fr 11–18, Sa 11–16 Uhr

Galerie Krinzinger F 3

Zeitgenössische Kunst steht im Mittelpunkt dieser renommierten Galerie im I. Bezirk. Viel Avantgarde der 60er- und 70er-Jahre – auch Unbekanntes ist zu entdecken. Dazu Kunst der amerikanischen Westküste.
I., Seilerstätte 16 • U-Bahn: Stephansplatz • www.galerie-krinzinger.at • Di–Fr 12–18, Sa 11–16 Uhr

Galerie nächst St. Stephan F 3

Seit den 20er-Jahren ein Fixpunkt für alle, die sich für die Moderne interessieren. Abstrakte und konzeptionell fundierte Kunst findet sich in Malerei, Skulptur, Installation, Fotografie und Video in der Kunstinstitution von Rosemarie Schwarzwälder.
I., Grünangergasse 1 • U-Bahn: Stephansplatz • www.schwarzwaelder.at • Di–Fr 11–18, Sa 11–16 Uhr

Galerie Slavik F 3

Schmuckgalerie mit experimentellem Interieur von Edmund Hoke. Unikate der Avantgardisten.
I., Himmelpfortgasse 17 • U-Bahn: Herrengasse • www.galerie-slavik.com • Mi–Fr 10–13 und 14–18, Sa 11–17 Uhr

Galerie Steinek E 4

Neben österreichischer Gegenwartskunst auch internationale Acts.
I., Eschenbachgasse 4 • U-Bahn: Stephansplatz • www.galerie.steinek.at • Di–Fr 13–18, Sa 11–15 Uhr

Besser kann man eine Wanderung durch die Weinberge nicht abschließen: mit einem Achterl bei einem Wiener Heurigen (hier bei Schübel-Auer in Nussdorf, ▶ S. 102) den Sonnenuntergang genießen.

Spaziergänge und Ausflüge

Ausflüge durch Weinberge und Parks, vorbei an Seen, Grotten, Burgen und Thermalbädern und vieles mehr …

Entlang des Wien-Flusses – Beeindruckende Architektur und süße Köstlichkeiten

Charakteristik: Zeitreise zu den schönsten Gebäuden des Jugendstils, den Kunstwerken des Barock und der Moderne **Dauer:** mit Pausen 3–4 Stunden **Länge:** 2,5 km **Einkehrtipps:** Hedrich, I., Stubenring 2, Tel. 5 12 95 88, Mo–Fr 11–21 Uhr €€ • Naschmarkt Deli, IV., Naschmarkt Stand 421–436, Tel. 5 85 08 23, Mo–Sa 7–24 Uhr €
Karte ▸ Klappe vorne

Der Wien-Fluss ist während dieser Tour lange Zeit ein unsichtbarer Begleiter: Er verläuft zuerst unterirdisch und tritt erst im Stadtpark ans Tageslicht. Sie steigen bei der U-Bahn-Station Kettenbrückengasse aus und beginnen Ihren Bummel – wenn es Samstagvormittag ist – am besten am Flohmarkt. Ganz in der Nähe, an der Linken Wienzeile 38 und 40, stehen zwei der schönsten von Otto Wagner errichteten Wohnhäuser; eines davon, das **Majolikahaus**, wurde ganz mit grün-roter Blattornamentik verziert.

Danach kann man den anschließenden **Naschmarkt** durchstreifen und sich an den Köstlichkeiten der Stände degustieren. Am und rund um den Markt gibt es zahlreiche Spezialitätenläden, Beisln, Cafés und Imbissstände. Um auszuruhen, macht man also entweder bei einer der Würstlbuden auf ein »Burenhäutl« (eine Bratwurst) Rast, oder man sucht das Café Drechsler auf, um sich mit einem kleinen Braunen zu stärken.

Naschmarkt ▸ Karlsplatz

Vorbei am Theater an der Wien kommt man dann zu einem weiteren Monument der Moderne: dem Gebäude der **Secession**, das wegen seiner filigranen Blattwerkskuppel von den Wienern auch »Goldenes Krauthappel« (Krautkopf) genannt wird. 1898 schuf es Joseph Olbrich als Hauptquartier der Secessions-Künstler. Bei der Secession befinden Sie sich aber schon fast am **Karlsplatz**, einem der schönsten Plätze von Wien. Rundherum kann man eine Reise durch die Wiener Architektur antreten, am beeindruckendsten ist die Perspektive vor der Karlskirche: Im Brunnen spiegeln sich die Türme der kunstvollen Barockkirche, einen modernen Kontrapunkt setzt die Brunnenfigur von Henry Moore. Gleich daneben steht eine der von Otto Wagner im Jugendstil gestalteten Stadtbahnstationen; er entwarf die Bahnhöfe wie die komplette Stadtbahn bis hin zu den Stiegengeländern und Kandelabern.

Auf der gegenüberliegenden Seite des Platzes sehen Sie das ursprünglich von Adolf Loos ausgestattete Café Museum und das Gebäude der Secession. Künstlerhaus und Musikvereinsgebäude runden das Ensemble ab. Das dominierendste Gebäude und auch die bedeutendste Barockkirche Wiens ist die **Karlskirche**: 1716 von Johann Bernhard Fischer von Erlach begonnen und von seinem Sohn fertiggestellt, ist der Bau eines der Wahrzeichen der Donaumetropole. Seine mächtige Kuppel, 72 m hoch, gehört zu den markantesten Elementen des Wiener Stadtbildes. Die Errichtung des Gotteshauses geht auf ein Gelübde zurück, das Kaiser Karl VI. während der Pestepidemie 1713 geleistet hatte.

Im Gebäude der Secession (▶ S. 82) wurde Kunstgeschichte geschrieben.

Karlsplatz ▶ MAK

Der Container bei der Treitlstraße wurde 1992 als Provisorium für Ausstellungen errichtet. Die sogenannte Kunsthalle ist inzwischen in das MuseumsQuartier übersiedelt, der Container wurde abgebaut und durch einen Glaspavillon ersetzt: Er heißt nun Kunsthalle project space. Über den Schwarzenbergplatz führt unser Weg zum **Konzerthaus**. Das Jugendstilgebäude ist der Hort moderner Musik in Wien. Durch ein ebenfalls im Jugendstil gestaltetes Portal betritt man den Stadtpark – ein auf seine Art der Musik geweihtes grünes Refugium an der Ringstraße. Denkmäler von Anton Bruckner, Franz Schubert, Franz Lehár, Robert Stolz und – natürlich am bekanntesten – das viel fotografierte vergoldete Abbild von Johann Strauß findet man hier.

Hier nun tritt auch der Wien-Fluss aus seinem unterirdischen Gewölbe hervor und fließt – meist allerdings als recht spärliches Rinnsal – unter freiem Himmel weiter. Seine Verbauung scheint mehr als Erinnerung daran gedacht, dass er bis vor knapp 150 Jahren das Wiental, damals teilweise noch eine Vorstadtlandschaft mit Mühlen und Sägewerken, regelmäßig überflutete.

MAK ▶ Urania

Am nördlichen Ende des Stadtparks wechseln Sie auf die Ringstraße und kommen am **Museum für Angewandte Kunst (MAK)** vorbei. Der klassizistische Ringstraßenbau beherbergt Wechselausstellungen und eine ständige Schau moderner österreichischer Kunst. Direkt neben dem Gebäude ist übrigens die Hochschule für Angewandte Kunst untergebracht – Österreichs Parade-Kunsthochschule.

Sie gehen den Stubenring entlang und kommen dabei am Restaurant Hedrich vorbei, einer karg eingerichteten »Imbissstube«, in der jedoch ein ehemaliger Spitzenkoch bewusst mit einfachen Zutaten Wienerisches auftischt. Gegenüber vom Wirtschaftsministerium und dem Radetzky-Denkmal liegt der Georg-Coch-Platz mit dem bekanntesten Gebäude Otto Wagners, dem Hauptpostamt.

Sie beenden Ihren Spaziergang bei der Urania am Donaukanal. Das im Jahr 1910 errichtete, recht wuchtige Gebäude dient der Volksbildung und beherbergt unter anderem eine Sternwarte.

# Zwischen Grinzing und Nussdorf – Stille Weingärten und gemütliche Heurige

Charakteristik: Eine Wanderung durch die Weinberge und die Einkehr in einer der kleinen Buschenschanken lohnt sich an einem schönen Tag allemal **Dauer:** 4–5 Stunden **Länge:** 7–8 km **Anfahrt:** mit der Tram 3 vom Ring bzw. Franz-Josefs-Bahnhof aus; wer nur einen Teil der Wanderung unternehmen möchte, fährt mit dem Bus 38A die Grinzinger Straße entlang bis zum Cobenzl **Einkehrtipp:** Weingut Reisenberg, XIX., Oberer Reisenbergweg 15, Tel. 3 20 93 93, www.weingutamreisenberg.at, Öffnungszeiten auf Anfrage €€
Karte ▶ S. 103

Sie beginnen Ihren Rundgang an der Endstation der Linie 3 in Nussdorf. Über die Hackhofergasse mit ihren alten Bürgerhäusern gelangen Sie zum **Lehár-Schikaneder-Schlössl** (Hackhofergasse 18), in dem einst gleich zwei berühmte Wiener wohnten: der Komponist Franz Lehár und der Theatermacher Emanuel Schikaneder, der Textdichter von Mozarts »Die Zauberflöte«.

Dann führt die Route bergan: Sie gehen die Nussberggasse entlang und biegen beim Friedhof links in den Beethovengang ab. Über den Schreiberbach folgt man dem Grinzinger Steig und der Krapfenwaldgasse. An einem warmen Tag können Sie eine Pause im idyllischen Krapfenwaldbad nutzen, um sich abzukühlen. Dann führt Sie die Tour weiter bis zur Höhenstraße und zum Dr.-Karl-Lueger-Denkmal, das an einen der großen Politiker Wiens erinnert.

Cobenzl ▶ Grinzinger Friedhof
Daneben liegt das **Cobenzl**, Restaurant, Weingut und wunderschöner Aussichtspunkt über Wien und das Naturschutzgebiet des Wienerwalds. Für den Abstieg in Richtung Grinzing folgen Sie dem Oberen Reisenbergweg. Über die Cobenzlgasse und die Himmelstraße gelangen Sie in das Herz der Wiener Heurigenseligkeit, nach **Grinzing**. Zwar müssen die alten Heurigen und ihre Weinberge immer öfter Immobilienprojekten weichen, aber noch immer laden die Busse zur Hochsaison im Minutentakt Gäste ein und aus.

Grinzinger Friedhof ▶ Nussdorf
Von der Pfarrkirche nehmen Sie den Bus 38A und fahren Richtung Heiligenstadt. An der St.-Michaelkirche steigen Sie aus. Linker Hand, in der kleinen Probusgasse, liegt das Heiligenstädter-Testament-Haus, in dem Beethoven seinen berühmten Nachlass verfasste. Am Ende der Probusgasse erreichen Sie den Pfarrplatz: Hier steht das **Beethovenhaus**, in dem der Komponist 1817 einige Monate verbrachte. Seit dem 17. Jh. ist hier einer der berühmtesten Heurigen Wiens untergebracht: Mayer am Pfarrplatz. Auf Beethovens Spuren gehen Sie noch ein paar Schritte weiter die Eroicagasse entlang bis zur Endhaltestelle der Trambahnlinie 3. In den traditionellen Nussdorfer Heurigen Schübel-Auer oder Kierlinger können Sie den Abend ausklingen lassen. Beide schließen, wenn die letzte Tram ins Zentrum fährt.

Spaziergänge 103

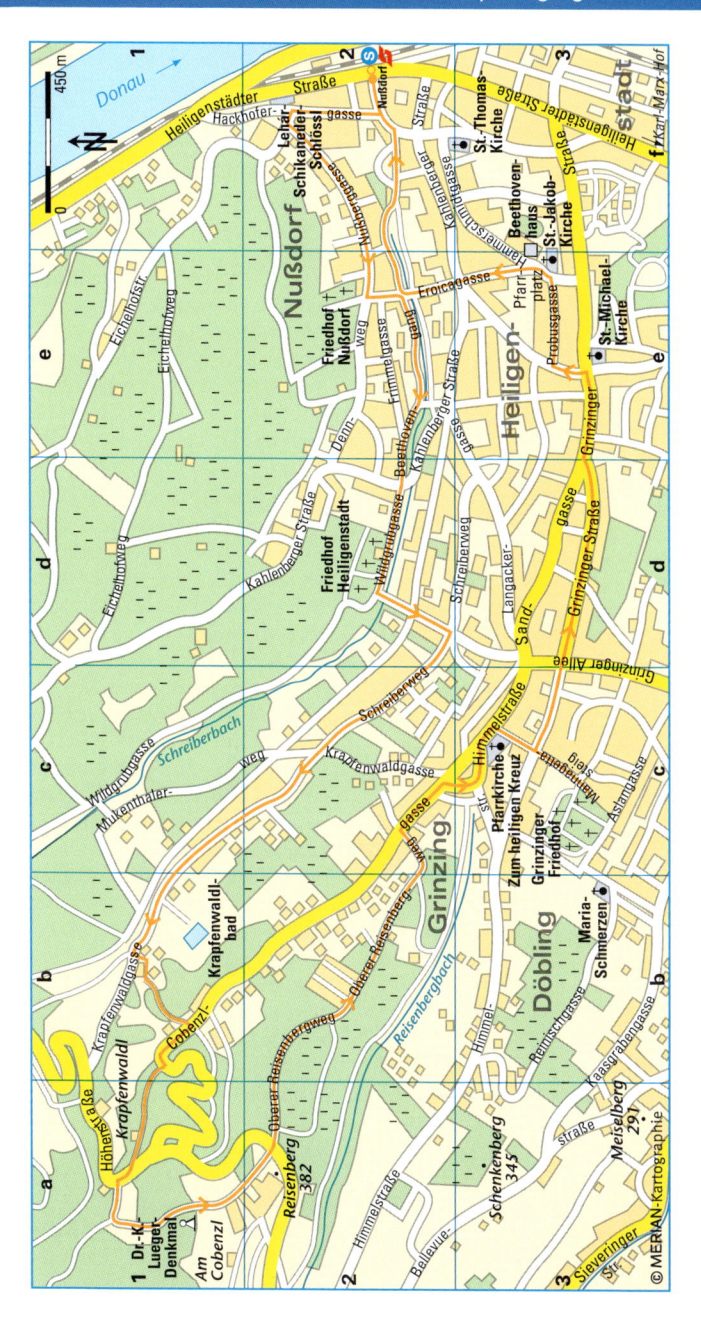

AUSFLUG IN DIE UMGEBUNG

Im Süden von Wien

Charakteristik: Ein Ausflug zu Grotten, Klöstern und in die Rebberge der Thermenregion **Anfahrt:** mit dem Auto über die Südautobahn, bei Mödling abfahren; mit der Lokalbahn ab Karlsplatz (nur nach Baden) **Dauer:** Tagesausflug **Einkehrtipps:** Café Konditorei Josefsplatz, Baden bei Wien, Josefsplatz 11, Tel. 0 22 52/2 30 59, Mo–Sa 6.30–19, So 8–19 Uhr € • Restaurant Hanner, Mayerling, Mayerling 1, Tel. 0 22 58/23 78, www.hanner.cc, Mo, Do, Fr 19–21.30, Sa 12–13.30, 19–21.30, So 12–21.30 Uhr €€€ **Auskunft:** diverse Reiseveranstalter führen geführte Halbtages-Bustouren ab Wien nach Mayerling, zur Seegrotte und nach Heiligenkreuz durch (z. B. Vienna Sightseeing Tours, Tel. 71 24 68 30)
Karte ▶ S. 107, d 2

Bei Mödling im Süden von Wien zweigt die Straße in die Hinterbrühl ab, eine waldreiche Naturlandschaft mit Hügeln und sanften Tälern. Auf dem Weg dorthin grüßt von Weitem schon die **Burg Liechtenstein**. Gleich in der Nähe steht das **Schloss Liechtenstein** in einem weitläufigen Naturpark mit Teichen und künstlichen Ruinen.

Schloss Liechtenstein ▶
Stift Heiligenkreuz

In der Brühl fand der große Landschaftsmaler des Biedermeier, Ferdinand Waldmüller, die Motive für seine romantischen Arbeiten. Eines davon ist die **Höldrichsmühle** in der Hinterbrühl, die er für sein Bild »Abschied der Braut vom Elternhaus« verwendete. Die Mühle wurde auch von Franz Schubert besucht – Müllerstochter Rosi hat ihn der Legende nach zu seinem Liederzyklus »Die schöne Müllerin« angeregt.

Etwas weiter liegt der mit 6200 qm größte Höhlensee Europas, die **Seegrotte**, in die man mit dem Boot vordringen kann (Führung).

Stift Heiligenkreuz, Ihre nächste Station, wurde 1133 von Zisterziensern gegründet. Der Sohn des Babenbergers Leopold III., Otto, war selbst Zisterzienser, auf seine Initiative hin berief sein Vater den Orden nach Österreich. Entlang der sogenannten Via Sacra, die bei Heiligenkreuz beginnt, entstanden in der Zeit der Babenberger noch weitere Klöster, die im Mittelalter Horte der Kultur und Bildung waren.

Das Stift betritt man über den weitläufigen Hof. Kunsthistorisch bedeutungsvoll ist die **Stiftskirche** in Form einer romanischen Basilika: imposant das hochschießende Innere des Gotteshauses, das Schiff, durch hoch liegende Fenster nur spärlich beleuchtet, während der Hallenchor lichtdurchflutet erscheint.

Der Bau ist eine harmonische architektonische Gesamtkomposition aus verschiedenen Epochen: Die Westfassade und das Querschiff sind romanisch, der Hallenchor gotisch und der Arkadenhof barock. Im Südflügel ist das neuneckige **Brunnenhaus** sehenswert, das in seinen Glasfenstern Bildnisse der verschiedenen Babenberger und ihrer Stiftungen aus dem 13. Jh. zeigt. Der

Das mittelalterliche Zisterzienserkloster Heiligenkreuz (▶ S. 104) ist berühmt für seinen Kreuzgang und den romanisch-gotisch-barocken Stilmix der Stiftskirche.

Kapitelsaal ist eine monumentale Gedächtnisstätte für dieses Herrschergeschlecht. Hier liegen die Gebeine der Herzöge Leopold IV., Leopold V., Friedrich I. und Friedrich II.
Stift Heiligenkreuz ▶ Baden
Ein Kloster ist auch **Schloss Mayerling**, 6 km südwestlich von Heiligenkreuz, das Kronprinz Rudolf 1886 zu seinem Sommersitz erkor. Hier spielte sich das Finale der tragischen Liebesgeschichte zwischen Sisis einzigem Sohn und der Baronesse Mary von Vetsera ab, die mit dem Selbstmord der beiden 1889 endete. Kaiser Franz Joseph berief in Erinnerung an den Tod des Thronfolgers den Orden der Karmeliterinnen nach Mayerling und ließ eine Kapelle errichten, wo Tag und Nacht für die Seele seines Sohnes gebetet werden sollte.
Durch das idyllische **Helenental**, das gerne als schönstes Tal des Wienerwaldes bezeichnet wird, fährt man von Mayerling weiter nach **Baden**. Der Kurort (auch mit der Badner Bahn vom Karlsplatz aus gut erreichbar) war einst als Sommerfrische des österreichisch-ungarischen Kaiserhauses sowie Mozarts und Beetho-

vens bekannt. Die 36 Grad heißen Schwefelquellen sprudeln wie eh und je, und noch immer kann man die beschauliche altösterreichische Atmosphäre der Stadt genießen, entlang der Alleen flanieren oder in einem Kaffeehaus eine Melange trinken.

Die Thermenlinie südlich von Wien, an der schwefelhaltiges Wasser aus dem Boden sprudelt, war schon in römischer Zeit bekannt. Im Mittelalter wurden die Wasser von Baden bei allen Arten rheumatischer Beschwerden angewendet. Die Hochblüte der Stadt begann erst Anfang des 19. Jh., als Kaiser Franz I. Baden zu seiner Sommerresidenz erwählte. Ihm folgten Adel und Bürgertum. Das Bild einer Biedermeierstadt, das sich dem Besucher noch heute im Zentrum des Städtchens bietet, entstand erst nach dem großen Brand von 1812, der fast die gesamte Stadt zerstörte. In den Jahren nach der Feuersbrunst entstanden unter anderem die – großteils antiken Tempeln nachempfundenen – Quellfassungen, etwa das **Josefsbad**, das **Frauenbad** oder das **Franzensbad**. Auch das biedermeierliche **Kurhaus Sauerhof** wurde von Kornhäusel gestaltet, ebenso wie das wohl eindrucksvollste Gebäude von Baden, das **Rathaus**.

Baden ▸ Gumpoldskirchen

Rund um Baden erstreckt sich ein Weinanbaugebiet – eine Wanderung und ein Päuschen in einer Buschenschank lohnt bei einem Ausflug nach Baden in jedem Fall, so wie es auch Beethoven schon mit Vorliebe tat.

Zu Ehren des Komponisten, der seine Sommer so gerne in Baden und Mödling verbrachte, wurden der **Wienerwald-Beethoven-Wanderweg** und ein **Beethoven-Spaziergang** angelegt: Der eine ist ein 50 km langer Rundwanderweg von Baden über das Helenental und Bad Vöslau zurück nach Baden (dafür sollten Sie drei Tage veranschlagen), der andere eine gemächliche Tageswanderung von Baden über den Richardhof bei Gumpoldskirchen nach Mödling.

Gumpoldskirchen ▸ Franzensburg

Rund um **Gumpoldskirchen** breitet sich ebenfalls eine weitläufige Rebenlandschaft aus. Buschenschanken – kleine bäuerliche Betriebe, die nur jeweils während einiger weniger Monate im Jahr ihren eigenen jungen Wein, den »Heurigen«, ausschenken dürfen – findet man nicht nur in Gumpoldskirchen, sondern auch in **Perchtoldsdorf** oder dem kleinen Ort **Höflein**. Östlich von Baden und Gumpoldskirchen liegt noch eine weitere Dependance der Habsburger: die **Laxenburg**. Herzog Albrecht der Lahme erwarb hier 1338 ein Jagdgebiet und errichtete darin eine Wasserburg.

Kaiser Maximilian I. ließ den Garten der Laxenburg Anfang des 16. Jh. in einen Lust- und Ziergarten umgestalten. Zwar verwüsteten die Türken die Burg im Jahr 1683, doch schon 1693 wurde sie unter Leopold I. neu errichtet. Ihre heutige Form erhielt die Anlage unter Kaiserin Maria Theresia – vor allem, um ihren 16 Kindern Platz zu bieten, wurde der »Blaue Hof« in der Nähe des alten Schlosses zu einer prachtvollen Barockwohnstätte adaptiert. Kaiser Franz I. ließ sich einen Teich mit Inseln, Grotten und Brücken anlegen und die **Franzensburg** bauen – ein »Gartenhaus« in Gestalt einer mittelalterlichen Burg. Rund um den Teich entstanden Rittergau, Rittergruft und ein Turnierplatz – alles ganz im Sinne des romantischen Rittertums.

Wien und Umgebung
Wien
Stockerau
Tulln
Tullner Feld
Krems
Dürnstein
Burg Dürnstein
Weißenkirchen
St. Michael
Spitz a. d. Donau
Willendorf
Aggsbach Markt
Aggstein
Aggsbach-Dorf
Schönbühel
Melk
Stift Melk
Schallaburg
Hohenegg
Benediktinerstift Göttweig
Herzogenburg
St. Pölten
Neulengbach
Sieghartskirchen
Klosterneuburg
Augustiner-Chorherrenstift
Kritzendorf
Korneuburg
Bisamberg
Leopolds-/Kahlenberg
Kahlenbergerdorf
Nußdorf
Lainzer Tiergarten
Schönbrunn
Brunn am Gebirge
Burg Liechtenstein
Mödling
Gumpoldskirchen
Laxenburg
Franzensburg
Schwechat
Wien-Schwechat
Fischamend Markt
Orth a. d. D.
Wittau
Lobau
Carnuntum
Petronell
Bad Deutsch-Altenburg
Hainburg a. d. D.
Bruck an der Leitha
Parndorf
Neusiedl am See
Neusiedler See
Podersdorf am See
Illmitz
Purbach
Rust
Mörbisch am See
Sopron
Eisenstadt
Müllendorf
St. Margarethen
Leithagebirge
Marchfeld
Obersiebenbrunn
Baden
Bad Vöslau
Heiligenkreuz
Stift Heiligenkreuz
Mayerling
Schloss Mayerling
Wienerwald
Araburg
Berndorf
Günselsdorf
Wöllersdorf
Wiener Neustadt
Seebenstein
Forchtenau
Neunkirchen
Dürre Wand 1222
Hohe Wand
Hirschberg 1888
Hirschwang
Gutenstein
Rohr im Gebirge
Ramsau
Hainfeld
Kleinzell
Wilhelmsburg
Obergrafendorf
Kilb
Kirchberg a. d. Pielach
St. Leonhard am Forst
Lilienfeld
Freiland
Türnitz
Hohenberg
St. Aegyd am Neuwalde
Schwarzau im Gebirge
Frein a. d. Mürz
Mariazell
Puchenstuben
Neubruck
Hiesberg 558
Wachau
Dunkelsteiner Wald
Donau
Melk
Schwarza
Leitha
Fischa
Bratislava
Győr, Budapest
Linz
Semmering
SK
H
15 km
© MERIAN-Kartographie

Die Wiener Kaffeehäuser (▶ S. 37) sind Rückzugsgebiete für passionierte Zeitungsleser – ob mit oder ohne Sehschwäche.

Wissenswertes über **Wien**

Nützliche Informationen für einen gelungenen Aufenthalt: Fakten über Land, Leute und Geschichte sowie Reisepraktisches von A bis Z.

Auf einen Blick

Mehr erfahren über Wien – Informationen über Land und Leute, von Bevölkerung über Politik und Verwaltung bis Wirtschaft.

Amtssprache: deutsch
Bevölkerung: 16 % Ausländer, v.a. aus den ehem. jugoslawischen Teilrepubliken
Einwohner: 1 765 000
Fläche: 414,9 qkm
Internet: www.wien.info
Religion: 49 % der Einwohner sind römisch-katholisch, die zweitgrößte Glaubensgemeinschaft in der Stadt ist der Islam
Verwaltung: Stadt und Landesverwaltung sind eins, der Bürgermeister von Wien ist gleichzeitig auch Landeshauptmann des Bundeslandes Wien; die Stadtgemeinde ist in 23 Bezirksverwaltungen unterteilt
Währung: Euro

Bevölkerung

Wien ist die sechstgrößte Stadt der Europäischen Union. Im Großraum Wien leben heute mehr als ein Viertel aller Österreicher, rund 2,5 Millionen Menschen. Zu Beginn des Ersten Weltkriegs wurden allerdings bereits 2,1 Millionen Einwohner in Wien gezählt, eine Zahl, die wahrscheinlich erst wieder um 2050 erreicht werden dürfte. Anfang 2014 lebten in Wien rund 1,8 Millionen Menschen, davon sind 16 % keine österreichischen Staatsbürger. Die größte ausländische Bevölkerungsgruppe stammt aus dem ehemaligen Jugoslawien, gefolgt von türkischen Staatsbürgern.

◂ Leckereien aus aller Herren Länder auf dem Naschmarkt (▸ S. 45).

Lage und Geografie

Die Stadt liegt an den nordöstlichen Ausläufern der Alpen im Wiener Becken, das historische Wien lag südlich der Donau, heute erstreckt es sich über beide Ufer. Seine historische Bedeutung erhielt Wien auch durch seine Lage am Kreuzungspunkt der Verkehrswege von Donau und Bernsteinstraße.

Der höchste Punkt Wiens ist der Hermannskogel im Wienerwald mit 542 m, der niedrigste die Lobau mit 151 m. Dominierender Fluss ist die Donau, die durch die sogenannte Wiener Pforte zwischen Leopoldsberg und Bisamberg in die Stadt fließt. Kleinere Flüsse – wie die Wien – fließen aus dem Wienerwald in das Stadtgebiet. Der Wienerwald umgibt Wien auf drei Seiten, lediglich im Osten ist das Gebiet durch das flache Marchfeld geprägt, im Südosten liegen die Donau-Auen, einer von sechs österreichischen Nationalparks.

Wien liegt an der Grenze zwischen den ozeanischen Einflüssen aus dem Westen und dem kontinentalen Klima aus dem Osten. Diese Einflüsse wirken sich in geringen Niederschlagsmengen und längeren Trockenperioden aus.

Politik und Verwaltung

Wien ist nicht nur Stadt, sondern auch eines von neun österreichischen Bundesländern, der Bürgermeister von Wien übernimmt daher eine Doppelfunktion. Im Wiener Stadtrat sind vier Parteien vertreten: die SPÖ, die den Bürgermeister stellt, die ÖVP, die FPÖ und die Grünen. Seit dem Jahr 2010 regiert die SPÖ in einer Koalition mit den Grünen.

Die Stadt ist allerdings auch einer der vier Amtssitze der Vereinten Nationen, außerdem haben internationale Organisationen wie die OPEC (die Organisation Erdöl exportierender Länder), die OSZE (Organisation für Sicherheit und Zusammenarbeit in Europa) und die IAEO (Internationale Atomenergiebehörde) hier ihren Sitz.

Die Verwaltung von Wien ist in 23 Bezirke untergliedert: Der I. ist das historische Zentrum, um den sich die anderen Bezirke gruppieren. Donaukanal und Donau trennen die Bezirke II und XX von den anderen, auf dem linken Donauufer liegen noch die Bezirke XXI und XXII.

Wirtschaft

Der Dienstleistungssektor ist heute der wichtigste Wirtschaftsfaktor der Stadt, vor allem der Tourismus nimmt ständig an Bedeutung zu. Industriebetriebe sind hingegen kaum mehr im Stadtbereich zu finden – die ehemals staatliche Mineralölverwaltung OMV etwa hat in Wien-Schwechat ihre Verarbeitungsanlage. Seit der EU-Erweiterung nach Osten hat sich Wien auch als Türöffner für den Handel mit den neuen Mitgliedsstaaten etabliert, und zahlreiche internationale Großunternehmen haben ihren Sitz ausgebaut.

Die Stadt genießt aber auch einen guten Ruf durch ihre Lebensqualität und niedrige Kriminalitätsraten. In der internationalen Mercer-Studie von 2014, die die Lebensqualität in über 200 Städten weltweit vergleicht, erreichte Wien zum sechsten Mal in Folge den ersten Platz.

Geschichte

Um 100 n. Chr.
Römisches Kastell und Zivilstadt Vindobona.

881
Erste Nennung Wiens als »Wenia« in den Salzburger Annalen.

1221
Wiener Stadtrecht – älteste zur Gänze überlieferte Stadtverfassung.

1282
Die Habsburger übernehmen unter Rudolf I. die Herrschaft über Österreich (bis 1918).

1365
Herzog Rudolf IV. macht sich durch gefälschte Dokumente zum Erzherzog und gründet die Universität.

1498
Unter Maximilian I. erfolgt die Gründung der Hofmusikkapelle (Vorläuferin der Sängerknaben). Blüte des Humanismus.

1529
Die Türken belagern zum ersten Mal Wien erfolglos, ihr Herrschaftsbereich erstreckt sich nun jedoch für die nächsten 150 Jahre noch bis nach Ungarn und Dalmatien.

1550/51
Wien ist vorwiegend protestantisch. Die Gegenreformation beginnt mit Ansiedlung der Jesuiten.

1572
Gründung der Spanischen Hofreitschule.

1679
Eine verheerende Pestepidemie fordert fast 100 000 Opfer.

1683
Zweite Türkenbelagerung. Ein Entsatzheer aus polnischen und deutschen Truppen vertreibt das osmanische Heer.

1740–1790
Kaiserin Maria Theresia (später ihr Sohn Joseph II.) führt Reformen durch: Schulpflicht, Abschaffung von Folter und Leibeigenschaft, Auflösung von Betklöstern.

1805 und 1809
Napoleon besetzt Wien.

1814/15
Wiener Kongress: Europa wird nach dem Fall Napoleons neu geordnet.

1848
Ende des metternichschen Polizeistaates durch revolutionäre Volkserhebungen. Kaiser Franz Joseph I. besteigt den Thron; er regiert bis zu seinem Tod 1916.

1850–1900
Wien wird durch Eingemeindung der Vorstädte zur Millionenstadt – das Regierungszentrum eines Reiches mit insgesamt 50 Millionen Einwohnern.

1857
Schleifung der Reste der Stadtmauer und der Basteien – bis 1865 entsteht an ihrer Stelle die Ringstraße.

1914
Nach dem Attentat auf Franz Ferdinand in Sarajevo erklärt Österreich Serbien den Krieg: Der Erste Weltkrieg beginnt.

1918
Österreich gehört zu den Verlierermächten. Wien bleibt Hauptstadt des Kleinstaates Österreich mit acht Millionen Einwohnern. Die Habsburger verlassen die Republik.

1922
Wien wird das neunte österreichische Bundesland. Die Stadt bleibt bis zum Jahr 1934 und dann wieder ab 1945 unter sozialistischer bzw. sozialdemokratischer Regierung. Die beispielhaften Sozialleistungen (Gemeindebauten, Schulwesen) im »roten Wien« erringen europaweit Anerkennung.

1923–1933
Wohnbau- und Sozialreformen im »roten Wien«, Bau von 60 000 Arbeiterwohnungen.

1934
Bürgerkrieg zwischen Konservativen und »Roten«, die Diktatur des Ständestaates kommt (bis 1938).

1938
Anschluss der »Ostmark« an Hitlerdeutschland. Die Wiener Juden, darunter viele Literaten, Künstler, Wissenschaftler, werden verfolgt.

1939–1945
Schwere Zerstörungen durch Luftangriffe im Zweiten Weltkrieg.

1955
Die Besatzungssoldaten ziehen ab; Österreich wird wieder souverän, verpflichtet sich aber zu »immerwährender Neutralität«.

1979
Einweihung der UNO-City.

1995
Österreich wird Mitglied der EU.

2001
Die Innenstadt von Wien wird UNESCO-Weltkulturerbe.

2015
Nach dem Sieg von Conchita Wurst 2014 ist Wien im Mai Austragungsort des Eurovision Song Contest.

Reisepraktisches von A–Z

ANREISE

MIT DEM AUTO

Über München und Salzburg bzw. über Passau kommen Besucher aus Deutschland und der Schweiz in gut drei Stunden ab der Grenze über die Westautobahn A 1 und entlang des Wien-Flusses direkt ins Zentrum. Will man in den östlichen oder südlichen Teil der Stadt, wählt man am besten die Wiener Umfahrungsautobahn A 21 – Abfahrt von der Westautobahn bei Eichgraben. Aus Graz kommt man über die Südautobahn A 2 mitten in die Stadt.

Eine reizvolle Alternative ist eine Fahrt auf der Landstraße durch die Wachau. Dazu fahren Sie bei Melk von der Westautobahn ab und entlang der Donau über Krems und Tulln auf die Nordautobahn A 22, die Sie wieder nach Wien bringt. Die Fahrt dauert allerdings um einiges länger als die Westroute. Bevor Sie sich auf die Fahrt durch die Stadt machen, besorgen Sie sich entweder bei einer der Tourist-Informationsstellen oder bei einer Tankstelle an den Autobahnen unbedingt einen detaillierten Stadtplan, falls Sie nicht schon einen dabeihaben.

Man benötigt seit einigen Jahren für die Autobahnen in Österreich eine Mautplakette – die günstigste Version gilt zehn Tage ab dem Tag der Ausstellung und kostet für Autos 8,50 €. Plaketten sind u.a. an den Grenzen, in Postämtern und an Tankstellen erhältlich.

MIT DEM FLUGZEUG

Wien-Schwechat ist der größte Flughafen Österreichs – er liegt ca. 45 Autominuten von der City entfernt im Südosten und wird von allen größeren Flughäfen Deutschlands, der Schweiz und Österreichs angeflogen (Flugdauer ab Frankfurt: 1 Std. 20 Min.).

Auf www.atmosfair.de und www.myclimate.org kann jeder Reisende durch eine Spende für Klimaschutzprojekte für die CO_2-Emission seines Fluges aufkommen.

City-Anschluss besteht vom Flughafen Wien-Schwechat zum City-Air-Terminal mit dem City Airport Train in nur 16 Min.: Einzelfahrt 11 €, hin und zurück 17 €; Fahrplanauskünfte und günstige Onlinetickets: www.cityairporttrain.com

MIT DEM SCHIFF

Wer Zeit hat, sollte mit dem Schiff nach Wien reisen. Die Fahrt von Passau nach Wien dauert eineinhalb Tage (welche Linie wo und wann verkehrt, erfragen Sie am besten in Ihrem Reisebüro).

Man kann aber auch eine Kombination wählen. Wer mit der Bahn unterwegs ist, wechselt erst in Melk am Eingang zur Wachau auf das Schiff und fährt durch die romantische Flusslandschaft die restliche Strecke bis Wien.

Informationen: ÖBB oder DDSG Blue Danube Schifffahrt • Tel. 5 88 80 • www.ddsg-blue-danube.at

MIT DEM ZUG

Die Westbahnstrecke ist die gängigste Anreiseroute für Gäste aus Deutschland oder der Schweiz. Sie führt über Salzburg, Linz und St. Pölten nach Wien/Westbahnhof. Die Fahrzeit ab der Grenze bei Salzburg beträgt rund 2,5 Stunden. Eine

Sitzplatzreservierung ist zu empfehlen, da der Zug gerade an Wochenenden und Montagen gerne von Pendlern benutzt wird. Vom Westbahnhof gelangt man dann mit der U-Bahn bzw. Straßenbahn direkt ins Zentrum. Vorsicht: In der Innenstadt verkehrt nur ein Citybus – liegt Ihr Hotel im I. Bezirk und nicht an der Ringstraße oder in unmittelbarer Nähe des Stephansdoms, nehmen Sie am besten vom Bahnhof aus ein Taxi.

Man kann auch schon eine Station vor dem Westbahnhof – in Wien-Hütteldorf – aussteigen und von dort mit der U 4 direkt ins Zentrum gelangen. Kommen Sie am neuen Hauptbahnhof oder am Franz-Josefs-Bahnhof an, so können Sie ebenfalls mit öffentlichen Verkehrsmitteln zum Hotel weiterfahren; empfehlenswerter ist aber – v. a. bei schwerem Gepäck – ein Taxi.

Informationen über den Reisezugverkehr: Tel. 05 17 17 (zum Ortstarif)

AUSKUNFT

IN DEUTSCHLAND
Österreich Werbung
Tel. 00 800/400 200 00 •
www.austria.info/de

IN DER SCHWEIZ
Österreich Werbung
Tel. 00 800/400 200 00 •
www.austria.info/ch

IN WIEN
WienTourismus
www.wien.info
– I., Albertinaplatz/Maysedergasse •
U-Bahn: Stephansplatz • tgl. 9–19 Uhr E3
– Flughafen, Ankunftshalle • tgl. 6–23 Uhr

BUCHTIPPS

Günther Brödl und Willi Resetarits: Blutrausch (Verlag Milena, 2009) Mit dem Wiener Musiker und Hobbydetektiv Kurt Ostbahn schufen die Autoren in den 90er-Jahren eine Krimifigur, die ein halbes Dutzend Bücher lang Fälle im Wiener Milieu löste. Parallel dazu war die Dialektrock-Combo Kurt Ostbahn & die Chefpartie (mit Willi Resetarits als Dr. Kurt Ostbahn) über Jahre hinweg von den österreichischen Konzertbühnen nicht wegzudenken. Mit dem Tod von Autor Brödl löste Resetarits auch das Projekt auf und tourt nun mit seinem »Stubnblues« durch die Lande. Die Ostbahn-Bücher eignen sich aber nach wie vor hervorragend, um sich auf Wien und vor allem die Wiener einzustimmen. Leider sind sie teilweise vergriffen.

Heimito von Doderer: Die Strudlhofstiege (dtv, 2009) Der Wien-Roman schlechthin wurde vor 60 Jahren geschrieben. Er gilt als eines der wichtigsten Werke der österreichischen Literatur der Nachkriegszeit. Die Geschichte hat keine Person als Hauptakteur, sondern eine Stiege im IX. Wiener Gemeindebezirk, um die sich die 900 Seiten des Buches drehen – und sie ist trotzdem spannend.

Edith Kneifl: Tatort Beisl (Falter Verlag, 2011) 13 Kriminalgeschichten verschiedenster Autoren mit dem Wiener Beisl als Schauplatz.

Wien – Die Welt von gestern in Farbe (Verlag Christian Brandstätter, 2008) 300 Aufnahmen des alten Wien aus dem Österreichischen Volkshochschularchiv, von Miniaturmalern koloriert: Von der Sitzkassierin im Kaffeehaus bis zu den Fiakern, Dienstmännern und den

Fratschlerinnen am Naschmarkt – längst vergessene Berufe werden so noch einmal zum Leben erweckt.

DIPLOMATISCHE VERTRETUNGEN
Botschaft und Konsulat der Bundesrepublik Deutschland E 4
I., Gauermanngasse 2–4 • U-Bahn: Museumsquartier • Tel. 71 15 40 • www.wien.diplo.de • Mo–Fr 9–13, Mo–Do 13.30–16.30, Fr 13–15.30 Uhr

Schweizer Botschaft und Konsulat F 4
Kärntner Ring 12 • Straßenbahn/Bus: Kärntner Ring • Tel. 79 50 50 • www.schweizerbotschaft.at • Mo–Fr 9–12 Uhr

FEIERTAGE
1. Jan. Neujahr
6. Jan. Heilige Drei Könige
Ostermontag
1. Mai Tag der Arbeit
Christi Himmelfahrt
Pfingstmontag
Fronleichnam
15. Aug. Mariä Himmelfahrt
26. Okt. Nationalfeiertag
1. Nov. Allerheiligen
8. Dez. Mariä Empfängnis
25. und 26. Dez. Weihnachts- und Stephanitag

FESTE UND EVENTS
JANUAR
Neujahrskonzert der Wiener Philharmoniker F 4
Stücke von Strauß, Mozart und Beethoven begrüßen am 1. Januar im Musikvereinssaal das neue Jahr. Das Konzert wird weltweit im Fernsehen übertragen.
1. Januar • www.wiener philharmoniker.at

Resonanzen – Festival für Alte Musik
Der Musik zwischen Mittelalter und Barock ist dieses Festival im Wiener Konzerthaus gewidmet. International renommierte Ensembles treten auf, hinzu kommen Filmvorführungen und Künstlergespräche.
Mitte–Ende Januar • www.konzert haus.at

FEBRUAR
Opernball E 4
Der Opernball in der Staatsoper ist Wiens wichtigste Ballveranstaltung, und wer in Österreich etwas auf sich hält, darf ihn sich nicht entgehen lassen.
www.wiener-staatsoper.at

APRIL
Osterklang
Musikfestival an mehreren Veranstaltungsorten, unter anderem dem Theater an der Wien. Die Wiener Philharmoniker und andere Größen interpretieren alte und neue Musik.
Ostern • www.osterklang.at

Vienna City Marathon
Auf der klassischen Marathon-Distanz (oder kürzer) kommt man an einigen der wichtigsten Sehenswürdigkeiten der österreichischen Hauptstadt vorbei.
Mitte April • www.vienna-marathon.com

MAI
Maifest
Das noch immer rote Wien feiert am 1. Mai seinen Tag der Arbeit im Prater, wie es sich gehört, gleichzeitig mit der Eröffnung der Pratersaison, die Mitte Oktober wieder endet.
1. Mai

Life Ball
Mode internationaler Stardesigner, ausgelassenes Ballvergnügen. Künstler unter den Festivalbesuchern. Elton John zählt zu den Stammgästen, kommt der Reinerlös doch AIDS- und HIV-Projekten zugute: Im Rathaus und auf dem Rathausplatz.
Ende Mai • www.lifeball.org

MAI/JUNI
Wiener Festwochen
Das größte alljährliche Wiener Kulturspektakel bietet ein breites Programm für jeden Geschmack. Eröffnet werden die Festwochen mit einem Fest am Rathausplatz.
Mitte Mai–Mitte Juni • www.festwochen.at

JUNI
Donauinselfest
▶ MERIAN Tipp, S. 21

JUNI/JULI
Jazzfest Wien
Keine Veranstaltung für Puristen. Größen des zeitgenössischen Jazz treten hier ebenso auf wie Seun Kuti, Marianne Faithfull oder Helge Schneider.
Ende Juni bis Anfang Juli • www.viennajazz.org

JULI/AUGUST
ImPulsTanz
Eines von Europas wichtigsten Festivals für zeitgenössischen Tanz, Tanztheater und -performances, bei dem alles zusammenkommt, was Rang und Namen hat.
www.impulstanz.com

KlangBogen F 4
Große Oper und klassische Konzerte, die von mittelalterlicher Kammermusik bis hin zu zeitgenössischen Kompositionen reichen. Veranstaltungsorte des Festivals sind das Theater an der Wien und der Wiener Musikverein, in dem traditionell das Abschlusskonzert mit den Wiener Philharmonikern stattfindet.
Mitte Juli–Mitte August

SEPTEMBER/OKTOBER
Wean hean
Mit renommierten und auch neuen Interpreten feiert Wien bei »Wien hören« einen ganzen Monat lang das Wienerlied.
Ende September–Ende Oktober • www.weanhean.at

OKTOBER
Film-Festival Viennale
Die Viennale ist das bedeutendste Filmfestival Österreichs. Eine Retrospektive ist meist einem Generalthema gewidmet (im Jahr 2012 war es Fritz Lang).
Ende Oktober–Anfang November • www.viennale.at

OKTOBER/NOVEMBER
Wien modern
Die Musik des 20. und 21. Jh. steht bei dieser Konzertreihe im Mittelpunkt: Renommierte Komponisten kommen dabei ebenso zum Zug wie unbekannte Newcomer.
Ende Oktober–Ende November • www.wienmodern.at

DEZEMBER
Christkindlmarkt D 3
Der Rathausplatz ist während der Adventszeit der schönste Ort, um sich an heißen Kastanien und Glühwein zu wärmen.
Advent

Kaiserball D 3
Der letzte der großen Bälle – in diesem Fall steht er ganz im Zeichen der Dynastie der Habsburger.
Silvester • www.kaiserball.at

FIAKER
Die berühmten Pferdekutschen, von den Wienern »Zeugl« genannt, gibt es seit dem 17. Jh. Sie sind eine schöne, aber nicht ganz billige Alternative zur Rundfahrt per Bus: 40 Minuten kosten rund 70 € – es haben aber auch fünf Personen Platz. Standplätze: Augustinerstraße vor der Albertina, Heldenplatz vor dem Erzherzog-Karl-Denkmal, Nordseite des Stephansdoms (alle im I. Bezirk).

GELD
Fast jede Bankfiliale verfügt heute über einen Geldautomaten, bei dem man mit EC- oder Kreditkarte Bargeld abheben kann. Das Bezahlen mit Kreditkarte ist in den Geschäften und Restaurants der Innenstadt, in größeren Hotels, bei ÖBB und Ticketschaltern normalerweise möglich, bei kleineren Hotels, Restaurants, vielen Heurigen und auch einer Reihe von Geschäften hingegen nicht. Öffnungszeiten der Banken: Mo, Di, Mi, Fr 8–15, Do 8–17.30 Uhr (kleinere Filialen haben mittags geschlossen).

GOTTESDIENSTE
In allen Wiener Kirchen finden zu den üblichen Zeiten Gottesdienste statt (nähere Informationen im Prospekt »Grüß Gott« in der Tourismusinformation). Darüber hinaus gibt es spezielle Messen für deutschsprachige Wienbesucher in der Votivkirche: Samstag 18 Uhr und Sonntag 9.30 Uhr.

HOMOSEXUELLE
Wien ist relativ schwulen- und lesbenfreundlich. Es gibt eine Reihe von Treffpunkten und Lokalen. Die WienTourismus hat einen »Gay & Lesbian Guide« herausgegeben: Hier findet man Adressen von Restaurants, Hotels, Bars, Saunen usw., dazu Tipps und einen Stadtplan. Erhältlich ist der Folder im Internet unter www.wien.info.

INTERNET
www.wien.info
Die wichtigste Website für Wienreisende. Bei der regionalen Tourismusorganisation findet man eine umfangreiche Sammlung an Reisetipps und Veranstaltungshinweisen. Dazu Wissenswertes wie Öffnungszeiten von Museen etc. Und natürlich kann man über diese Seite auch Zimmer buchen (E-Mail-Anfragen: rooms@wien.info).
www.wien.gv.at
Auf der offiziellen Website der Stadt erhält der Besucher allgemeine Informationen und Hinweise auf das Kultur- und Freizeitangebot.
www.vienna.at bzw. **www.falter.at**
Informationen über Veranstaltungen, Konzerte etc.
www.bundestheater.at
Aktuelle Programme der Bundestheater, z.B. Staatsoper und Burgtheater.

MEDIZINISCHE VERSORGUNG
KRANKENVERSICHERUNG
Für Deutsche und Schweizer ist die Vorlage einer Europäischen Krankenversicherungskarte (EHIC) ausreichend. Als zusätzlicher Versicherungsschutz empfiehlt sich jedoch der Abschluss einer Auslandskrankenversicherung, da diese Krankenrücktransporte mitversichert.

KRANKENHAUS
Allgemeines Krankenhaus der Stadt Wien   C1
IX., Währinger Gürtel 18–20 • U-Bahn: Michelbeuern-AKH • Tel. 40 40 00

APOTHEKEN
Apotheken sind in der Regel Mo–Fr von 8–12 und 14–18 sowie Sa 8–12 Uhr geöffnet.

Graben Apotheke   E3
I., Graben 7 • U-Bahn: Stephansplatz • Tel. 51 24 72 40

NEBENKOSTEN

1 Tasse Kaffee	2,80 €
1 Bier	3,50 €
1 Cola	2,40 €
1 Brot (ca. 500g)	2,60 €
1 Schachtel Zigaretten	4,60 €
1 Liter Normalbenzin	1,40 €
Öffentl. Verkehrsmittel (Einzelfahrt)	2,20 €
Mietwagen/Tag	ab 50,00 €

NOTRUF
Euronotruf Tel. 112
(Polizei, Feuerwehr, Rettungsdienst)

POST
Postämter haben in der Regel Mo–Fr von 8–12 und 14–18 Uhr geöffnet. Rund um die Uhr stehen das Hauptpostamt (I., Fleischmarkt 19) und die Postämter am Westbahnhof, am Südbahnhof und am Franz-Josefs-Bahnhof zur Verfügung. Das Porto für eine Karte nach Deutschland und in die Schweiz kostet 0,75 €, ein Brief (bis 20 g) ebenfalls 0,75 €.

RAUCHEN
Auch in Österreich ist das Rauchen in Ämtern, Behörden, Flughäfen und auf Bahnhöfen inzwischen untersagt. Eine Ausnahme bilden spezielle Raucherzonen, die klar gekennzeichnet sind. Anders in Restaurants, Bars oder Kaffeehäusern: Hier obliegt es dem Besitzer, ob er sein Lokal als Raucher- oder Nichtraucherlokal deklariert, vorausgesetzt, die Galträume sind kleiner als 50 qm. Größere Gaststätten können getrennte Räume für Raucher und Nichtraucher bereithalten. Bei einer Reservierung hinzufügen, welchen Bereich man bevorzugt.

REISEDOKUMENTE
Deutsche und Schweizer können mit einem gültigen Reisepass oder Personalausweis (Identitätskarte) einreisen. Kinder unter 16 Jahren benötigen einen Kinderausweis.

REISEKNIGGE
Als Deutscher – und auch als Schweizer – kann man sich in Wien

Klima (Mittelwerte)	JAN	FEB	MÄR	APR	MAI	JUN	JUL	AUG	SEP	OKT	NOV	DEZ
Tagestemperatur	4	5	9	14	21	25	28	27	24	18	12	6
Nachttemperatur	-4	-4	0	5	11	17	20	19	16	10	4	-2
Sonnenstunden	5	6	7	8	8	10	9	8	8	7	5	4
Regentage pro Monat	12	10	12	11	11	10	11	10	9	9	9	10

durchaus heimisch fühlen; die Stadt hat schließlich schon Ludwig van Beethoven (der hier unter anderem sein Heiligenstädter Testament schrieb), dem Intendanten Claus Peymann und Fußballprofi Lothar Matthäus (als Kurzzeittrainer des Wiener Traditionsklubs Rapid Wien) eine Heimat auf Zeit gegeben … Auf einige kleine Dinge sollte man trotz der (weitgehend) gemeinsamen Sprache und Gebräuche dennoch achten – wobei die meisten Stolpersteine im Bereich Essen und Trinken lauern: Klöße sind in Österreich Knödel, Sahne ist (Schlag-)Obers, und Wiener Würstl heißen Frankfurter. Vielfältig – auch in der Namensgebung – sind vor allem die Gerichte der Wiener Rindfleischküche – fragen Sie also ruhig den Kellner, wenn Sie sich nicht zwischen Hieferscherzl und Vanillerostbraten entscheiden können!

Ein Café und ein Kaffeehaus sind in Wien nicht das Gleiche: In eine Café-Konditorei gingen traditionell Damen, um sich bei Kaffee und (vor allem) Kuchen (der hier zu den »Mehlspeisen« zählt) zu unterhalten. Im Kaffeehaus hingegen waren hauptsächlich Männer versammelt – um Zeitung zu lesen, zu diskutieren oder (Billard) zu spielen. Heute ist das Kaffeehaus auch ein wenig Bar und Restaurant: So serviert man neben Kaffee (Betonung übrigens immer auf »ee«!) in allerlei Variationen auch Tee, Bier und Wein und mittags ein meist recht günstiges Tagesgericht. Und natürlich sind auch weibliche Gäste heute gerne gesehen, ebenso wie männliche Schleckermäuler in einer Café-Konditorei.

Den Kellner ruft man üblicherweise mit »Herr Ober«. Wird man trotzdem geflissentlich übersehen, sollte man das nicht zu tragisch nehmen: Ins Kaffeehaus geht man in Wien nicht, um schnell einen Espresso zu trinken, sondern man signalisiert schon durch den Eintritt in ein solches Etablissement, dass man Zeit mitbringt.

REISEWETTER

Die beste Reisezeit für Wien sind Frühling und Herbst. Der Winter bringt auch in Wien des Öfteren Schneefall und Frost, im Juli und August hingegen steigt die Temperatur schon mal auf über 30 Grad. Niederschläge halten normalerweise nicht allzu lange an.

RUNDFUNK

In Wien gibt es neben vier öffentlich-rechtlichen Programmen (Ö3 – modern, Ö2 – Radio Wien, Ö1 – Klassik und Anspruchsvolles, FM4 – alternativer Musiksender) inzwischen auch eine Reihe von Privatsendern.

SPORT

FREIBÄDER

Donauinsel

Die Donauinsel bietet 42 km Strand zum Baden, darunter einen FKK-Bereich, Wasserskilift, Inlineskating, Beachvolleyball und vieles mehr.
XXII., U-Bahn: Donauinsel

Gänsehäufel

Wiens klassisches Strandbad – an der Unteren Alten Donau. Es liegt mitten in von der Donau abgetrennten Flussarm. Auf der Alten Donau kann man auch segeln und surfen. Südlich davon befindet sich das kleine Gänsehäufel – im dortigen Polizeibad und dem Straßenbahnerbad trifft man nicht nur Vertreter

dieser Berufsgruppen. Ein Tag Badespaß kostet 6 €.
XXII., U-Bahn: Alte Donau

EISLAUFEN
Wiener Eislaufverein
Von Oktober bis März drehen hier ältere Pärchen zu Operettenmusik ihre Runden, Nachwuchseishüpfer versuchen sich zu Popmusik in Pirouetten und Sprüngen. Eislaufschuhe können geliehen werden.
III., Lothringerstr. 22 • U-Bahn: Stadtpark • www.wev.or.at

STADTFÜHRUNGEN
Verein Wiener Spaziergänge
Unter dem Titel »Wiener Stadtspaziergänge« werden diverse themenspezifische Routen angeboten: auf den Spuren von Mozart oder dem Dritten Mann bis zum »Unterirdischen Wien«. Kinderführungen gibt es ebenfalls.
Die Spaziergänge dauern ca. 2 Stunden und kosten für Erwachsene 15 €, für Kinder 8 € (exklusive Eintritte).
Tel. 4 89 96 74 • www.wienguide.at

Austria Guides
Bei der Wiener Fremdenführer-Vermittlung können Sie individuelle Führungen buchen. Die Preise liegen bei etwa 150 € für 2–3 Std.
www.austriaguides.at

Vienna Sightseeing Tours
Viele verschiedene Führungen sind im Angebot, z.B. durch das imperiale Wien. Zudem gibt es einen Hop-on-hop-off-Bus; unterwegs können Sie jederzeit aus- und wieder einsteigen (Tageskarte 25 €, Kinder 12 €).
Tel. 71 24 68 30 • www.viennasightseeingtours.com

TELEFON
VORWAHLEN
Österreich ▸ D 00 49
Österreich ▸ CH 00 41
D, CH ▸ Österreich 00 43
Wien 01

In Österreich stehen gegenwärtig vier verschiedene Mobilfunknetze zur Verfügung: A1, T-Mobile, Telering und 3.

THEATERKARTEN
Karten besorgt meist gerne die Rezeption des Hotels. Ansonsten hier einige Adressen:

Bundestheater-Vorverkauf
www.bundestheater.at •
Tel. 5 13 15 13

Wien-Ticket
www.wien-ticket.at • Tel. 5 88 85

Vienna Ticket Service
www.viennaticketoffice.com •
Tel. 5 13 11 11

Ticket-Pavillon　　　　　　E3
I., Herbert-von-Karajan-Platz (neben der Staatsoper) • U-Bahn Stephansplatz • tgl. 10–19 Uhr

Kassa im Ronacher　　　　F3
I., Seilerstätte 9 • Mo–Sa 14–18 Uhr, So an Vorstellungstagen 14–18 Uhr

TIERE
Hunde und Katzen benötigen zur Einreise nach Österreich einen EU-Heimtierausweis (den der Tierarzt ausstellen kann), er muss den Nachweis einer Tollwutimpfung enthalten. Das Tier muss darüber hinaus durch einen Mikrochip identifizierbar sein.

TRINKGELD

Trinkgeld ist natürlich nicht obligatorisch, wird aber – wie überall – gern gesehen: vor allem von Kellnern, Hotelpersonal und Taxifahrern. Üblich sind rund 5 bis 10 % der Rechnungssumme, meist wird aber auf die nächsthöhere Zahl aufgerundet.

VERKEHR

AUTO

Es ist in jedem Fall empfehlenswert, sich vor einer Fahrt durch die Metropole Wien einen Stadtplan zu besorgen; obwohl die wichtigeren Ziele, Sehenswürdigkeiten und größeren Ausfallstraßen in der Regel gut beschildert sind, ist eine vernünftige Karte hilfreich.

Das Hauptproblem in Wien ist allerdings, einen Platz zu finden, wo man sein Auto länger als ein paar Stunden – und zu bezahlbaren Preisen – parken kann. Meist besitzen nämlich nur die größeren Hotels Parkplätze. Man muss sich entweder in eine Parkgarage begeben oder das Auto – innerhalb des Gürtels – in der **Kurzparkzone** abstellen. Diese gilt im I. bis IX. und XX. Bezirk werktags von 9 bis 22 Uhr, die maximale Parkdauer beträgt zwei Stunden; in den Außenbezirken XII und XIV bis XVII ist die Kurzparkzone werktags von 9 bis 19 Uhr in Kraft. Die maximale Parkdauer beträgt hier drei Stunden. **Kurzparkscheine** – die man hinter die Windschutzscheibe legt – erhält man in Tabaktrafiken, bei Banken, Bahnhöfen und den Wiener Linien – eine halbe Stunde kostet derzeit 1 €. Die günstigere Lösung: Außerhalb des Gürtels ist das Parken normalerweise kostenlos.

MIETWAGEN

Einen Mietwagen benötigt man in Wien höchstens als Bahn- oder Flugtourist und dann eigentlich auch nur für (lohnenswerte) Ausflüge ins Umland, nach Niederösterreich oder ins Burgenland. Auskünfte über Mietwagen gibt es unter www.wko.at/wien/taxi.

MIT DEM FAHRRAD

Wien ist eine überraschend fahrradfreundliche Stadt: Durch die gesamte Metropole kommt man ohne Schwierigkeiten mit dem Fahrrad. Wien liegt am Radwanderweg Passau–Preßburg, der sich entlang der Donau quasi durch ganz Ostösterreich zieht.

In der Stadt selbst ist ein schöner Radweg entlang der Ringstraße installiert worden – wo man alles, was es an Wiens Prachtstraße zu sehen gibt, »erfährt«. Außerdem gibt's da noch den **Prater** mit der 4,5 km langen Prater-Hauptallee und die **Lobau** im Südosten der Stadt.

Einen **Fahrradverleih** findet man am Westbahnhof (Tel. 05 17 17) und bei PEDAL POWER, (II., Ausstellungsstr. 3; Tel. 7 29 72 34; www.pedalpower.at).

Informationen über radfahrerfreundliche Unterkünfte und Sonstiges, was mit dem Rad zu tun hat, gibt es bei ARGUS Fahrradbüro (IV., Frankenberggasse 11, Tel. 5 05 09 07, www.argus.or.at).

ÖFFENTLICHE VERKEHRSMITTEL

Wien ist optimal mit öffentlichen Verkehrsmitteln erschlossen. Fünf U-Bahn-Linien, Straßenbahnen, Busse – und alle sind mit demselben Ticket zu benutzen. Die Einzelfahrt kostet 2,20 €, die 24-Stunden-Karte

7,60 €, die 72-Stunden-Karte 16,50 € und die 8-Tage-Klimakarte, die von mehreren Personen benutzt werden kann, 38,40 €. Günstig ist auch die Wochennetzkarte für 16,20 €, die von Montag bis Montag gilt. Kinder bis 6 Jahre bezahlen generell nichts, Kinder bis 15 Jahre an Sonn- und Feiertagen und während der Schulferien ebenfalls. An Wochenenden fahren die U-Bahnen auch nachts durchgehend im 15-Minuten-Intervall, an Wochentagen von ca. 5 bis ca. 24 Uhr. Noch ein Tipp für Nachtschwärmer: Wenn die öffentlichen Verkehrsmittel nicht mehr verkehren (ab 1 Uhr) und man auch kein Geld für ein Taxi in der Tasche hat, gibt es eine weitere Lösung: Vom Schwedenplatz aus fahren von 1 bis 5 Uhr früh in viele Stadtgebiete Nachtautobusse (Ticket ca. 2,20 € pro Fahrt). Für die Schnellbahn, die ins Umland – zum Beispiel nach Klosterneuburg – fährt, ist ebenfalls ein eigenes Ticket notwendig.

www.wienerlinien.at
Den Netzplan der Wiener U-Bahn- und Schnellbahnlinien finden Sie auf der hinteren Umschlagklappe.

TAXIS

sind nicht durch eine spezielle Farbe, aber durch das Dachschild »Taxi« gekennzeichnet. Es gibt rund 200 Standplätze. Fahrpreis nach Taxameter, höhere Tarife an Sonn- und Feiertagen und nachts sowie für Funktaxis. Adressen und Rufnummern stehen auf der Umschlaginnenseite des Wiener Telefonbuchs, Band R–Z.

Funktaxi
Tel. 3 13 00, 4 01 00, 6 01 60

WIEN-KARTE

Ein vor allem für Leute mit großem Besichtigungsprogramm interessantes Angebot: Alle City-Bummler über 15 Jahre können mit der Wien-Karte zum Preis von 18,90 bzw. 21,90 € 48 bzw. 72 Stunden lang U-Bahn, Bus und Trambahnen benutzen. Außerdem enthält sie Vergünstigungen in Museen, vielen Sehenswürdigkeiten und Restaurants. Erhältlich im Hotel, bei der Wiener Tourismusinformation und den Vorverkaufsstellen der Wiener Linien.
www.wienkarte.at

ZEITUNGEN UND ZEITSCHRIFTEN

Die Stadtzeitung »Falter« erscheint jeden Mittwoch. Auch die großen Tageszeitungen »Standard«, »Presse«, »Kurier«, »Kronen Zeitung« und »Österreich« informieren über Veranstaltungen, Museen etc.

ZOLL

Reisende aus Deutschland dürfen Waren abgabenfrei mit nach Hause nehmen, wenn diese für den privaten Gebrauch bestimmt sind. Bestimmte Richtmengen sollten jedoch nicht überschritten werden (z.B. 800 Zigaretten, 90 l Wein, 10 kg Kaffee). Weitere Auskünfte bekommen Sie unter www.zoll.de und www.bmf.gv.at/zoll.
Reisende aus der Schweiz dürfen Waren im Wert von 300 SFr abgabenfrei mit nach Hause nehmen, wenn diese für den privaten Gebrauch bestimmt sind. Tabakwaren und Alkohol fallen nicht unter diese Wertgrenze und bleiben in bestimmten Mengen abgabenfrei (z.B. 200 Zigaretten, 2 l Wein). Weitere Auskünfte bekommen Sie unter www.zoll.ch.

Orts- und Sachregister

Wird ein Begriff mehrfach aufgeführt, verweist die **halbfett** gedruckte Zahl auf die Hauptnennung. Abkürzungen: Hotel [H], Restaurant [R]

21er Haus 89
A.E. Köchert 47
Akademie der Bildenden Künste 19, **89**
Akademie für Angewandte Kunst 5
Albertina [MERIAN TopTen] 5, 7, 10, **90**
Alles Seife 40
Alte Donau 57
Altes Rathaus 65
Altmann & Kühne 41
Alt-Österreich 39
Altstadt Vienna [H] 25
Alt Wien [R] 51
Am Abend 48
Amalienbad 65
Amerlingbeisl [R] 16, **51**
Am Hof 65
Amicis 45
Ankeruhr 66
Anreise 114
Antiquitäten 39
Architektur Zentrum Wien 93
Arena 53
Arik-Brauer-Haus 66
Arsenal 66
Artner [R] 31
Atil Kutoglu 45
Auf einen Blick 110
Augarten 46
Augartenpalais 66
Augustinerkirche 22
Auskunft 115

Backhausen 47
Baden 106
Beethovenhaus 102
Beisl 29
Belvedere 67
Bermuda-Dreieck 7, 8, **49**
Bestattungsmuseum 90
Bevölkerung 110
Biergärten 35
Biobauernhof Steindl 42
Biobauernmarkt Freyung 44
Brauhäuser 35
Brunnenmarkt 44
Bücher 40
Buchtipps 115

Burggarten 68
Burgkino 51
Burgtheater 54, 68
Buschenschank **29**, 30, 37, 102
Café Central [R] 37
Café Drechsler [R] 51
Café Konditorei Josefsplatz [R] 104
Café Leopold [R] 17, **51**
Café Museum [R] 13, **37**
Café Stein/Steins Diner [R] 49
Chelsea 54
Clubkultur [MERIAN Tipp] **19**, 52
Clubs 50
Cobenzl 102
Cuadro [R] 30
Da Moritz [R] 30
das möbel [R] 17, **41**
Demel [R] 14, **35**
Denkmal gegen Krieg und Faschismus 68
Diplomatische Vertretungen 116
Diskotheken 50
Donauinsel 68
Donauinselfest [MERIAN Tipp] **21**, 69
Donaupark 68
Donauturm 68
Dorotheum 11, **39**
Dschungel Wien – Theaterhaus für junges Publikum **57**, 93

Einkaufen 38
Eisdielen 35
Elektro Gönner 52
Ernst-Fuchs-Museum 69
Eroicahaus 21
Essen und Trinken 28
Essigbrauerei Gegenbauer 42

Fabio's [R] 30
Falco 5
Fälschermuseum 90
Familientipps 56
Feiertage 116
Ferien bei Freunden

[MERIAN Tipp] **18**, 26
Feste und Events 116
Fetzenlaberl [MERIAN Tipp] **20**, 59
Fiaker 118
Flex 50
Flohmarkt 45
Franzensburg 106
Freibäder 120
Frick 40
Friedhof St. Marx 69
Für Kinder 42

Galerien 88, 97
Gartenpalais Liechtenstein 90
Gasometerhalle 54
Gasthaus Floß [R] 34
Gedächtnisstätten und Sterbezimmer [MERIAN Tipp] **21**, 93
Geld 115
Geschenke 40
Geschichte 112
Gottesdienste 118
Göttin des Glücks – Das Studio 45
Graben [H] 27
Grand Hotel Wien [H] 25
Grinzing 102
Grinzinger Friedhof 102
Guesthouse Wien [H] 25
Gumpoldskirchen 10

Haas-Haus 14, 70, **84**
Hanner [R] 104
Hansen [R] 31
Hartmann 46
Haus des Meeres 57
Hawelka [R] 37
Hedrich [R] 100
Heeresgeschichtliches Museum 66
Heiligenstädter-Testament-Haus **21**, 102
Heldwein 15, **46**
Helenental 105
Hermesvilla 74
Herzilein Wien 42
Heurige 29, **36**
Hofburg [MERIAN TopTen] 7, 10, **70**

Orts- und Sachregister

Hofjagd- und Rüstkammer 90
Höflein 106
Höldrichsmühle 104
Holy Moly am Badeschiff [R] 33
Homosexuelle 118
Hotel Fabrik [H] 26
Hotel Rathaus – Wein & Design [H] 26
Hotel Stadthalle [H] 26
Hundertwasserhaus 71

Imperial [H] 25
Internet 118
Irrgarten & Labyrinth 57, 80

Ja, Panik 5
Jazzland 54
Johann-Strauß-Denkmal 71
Josephinum 91
Jüdisches Museum der Stadt Wien 91

Kabarett Niedermair 55
Kaffeehäuser 29, 37
Kahlenberg 72
Kapuzinergruft [MERIAN TopTen] 7, 10, 72
Karl-Marx-Hof 73
Karlskirche [MERIAN TopTen] 7, 12, 73, 100
Karlsplatz [MERIAN TopTen] 7, 12, 73, 100
Karmelitermarkt 45
Kärntner Straße [MERIAN TopTen] 7, 10, 74
Kaufhäuser 41
Kieback 47
Kierlinger 102
Kim kocht im Restaurant [R] 30
Kinderbauernhof am Cobenzl 57
Kinos 51
Kirche am Steinhof 74
Kleines Café [R] 52
Kneipen 51
Knize 46
Konditoreien 35
Konstantin Filippou [R] 33
Konzerte 53
Konzerthaus 101
Krah Krah [MERIAN TopTen] 5, 9, 52

Kunsthalle project space karlsplatz 12, 92
KUNSTHALLE Wien 93
KunstHausWien 58, 92
Kunsthistorisches Museum 16, 92
Kunst und Genuss [MERIAN Tipp] 19, 34
Kuppitsch 41
Kurkonditorei Oberlaa [R] 35

Lage und Geografie 111
Lainzer Tiergarten 74
Landhaus Fuhrgassl-Huber [H] 27
Landtmann [R] 37
Laxenburg 106
Lebenauer [R] 33
Lebensmittel 42
Lederwaren 43
Lederwaren-Manufaktur Thomas Hicker 43
Lehár-Schikaneder-Schlössl 75, 102
Leopold Museum 58, 93
Leporello 40
Lipizzanermuseum 93
Living Vienna 44
Lobau 58
Lobmeyr 41
Lokale 51
Loos American Bar 15, 49
Looshaus 75
Ludwig Reiter 47
lutz [R] 49

Majolikahaus (Wienzeilenhäuser) 75, 100
MAK 101
MAK Design Shop 41
Maria am Gestade 76
Marionettentheater 80
Markt auf der Freyung 45
Märkte 44
Mayer am Pfarrplatz [R] 36
Medizinische Versorgung 119
Medl-Bräu [R] 35
Meinl am Graben 15, 42
Meinl's Café [R] 37
Meixner's Gastwirtschaft [R] 34
Michaelerplatz 76

Modemeile Lindengasse [MERIAN Tipp] 19, 41
Mödling 104
Mraz & Sohn [R] 31
MUMOK – Museum moderner Kunst Stiftung Ludwig Wien 94
Museen 88
Museum für Angewandte Kunst 101
MuseumsQuartier [MERIAN TopTen] 7, 16, 93
Musik 46
Musiklokale 53
Musikverein 54

Nachbarin 46
Naschmarkt 13, 45, 76, 100
Nationalbibliothek 76
Naturhistorisches Museum 59, 94
Natürlich Wrenkh [R] 34
Nebenkosten 119
Notruf 119
Nussdorf 102

Oper 54
ORF-Shop 46
Österreichische Galerie im Oberen Belvedere 94
Österreichisches Filmmuseum 51
Österreichisches Museum für Angewandte Kunst (MAK) 94
Otto-Wagner-Stadtbahnpavillons 76

Pakatsuites Hotel [H] 26
Palais Ferstel 77
Palmenhaus [R] 11, 32, 81
Parlament 77
Pasqualatihaus 21
Pathologisch-Anatomisches Bundesmuseum 86
Pension Dr. Geissler [H] 27
Pension Wild [H] 27
Perchtoldsdorf 106
Per La Donna 47
Pestsäule 78
Peterskirche 78

Pfudl [R] 34
Phantastenmuseum Wien 95
Plachutta's Grünspan [R] 35
Plankl 46
Politik und Verwaltung 111
Porgy & Bess 54
Porzellan und Keramik 46
Post 119
Postsparkasse 78
Prater [MERIAN TopTen] 7, 59, **78**
Prater Dome 50

Raimundtheater 55
Rathaus 79
Rauchen 119
Reisedokumente 119
Reiseknigge 119
Reisepraktisches von A–Z 114
Reisewetter 120
Restaurant Walter Bauer [R] 34
rhiz 52
R. Horn's Wien 43
Ringstraße 79
Ringstraßen-Galerien 41
Robert Goodmann 52
Römischer Kaiser [H] 26
Ronacher 55
Roter Engel [MERIAN TopTen] 9, **52**
Rudolf Scheer & Sohn 47
Rundfunk 120
Rund ums Fetzenlaberl 20
Ruprechtskirche 79

Sacher [H] 25
Sakai [R] 30
Schatzkammer 95
Schloss Liechtenstein 104
Schloss Mayerling 105
Schlosspark 80
Schlumberger Sektkellerei 42
Schmuck 46
Schönbichler 42
Schönbrunn [MERIAN TopTen] 5, 7, 59, 79, **80**
Schübel-Auer 102
Schuhe 47
Schullin 47
Schweizerhaus [R] **35**, 59
Secession 12, **82**, 100
Sehenswertes 64
Sigmund Freud Museum 96
Sisi-Museum 60
Skopik & Lohn [R] 33
Spanische Hofreitschule 11, **82**
Sperl [R] 29, **37**
Sport 120
Staatsoper 55, 82, **83**
Stadtführungen 121
Staltner & Fürlinger 47
Steffl 42
Steirereck [R] 5, **32**
Stephansdom [MERIAN TopTen] 7, 14, **84**
Stift Heiligenkreuz 104
Stilwerk 41
Stoffe 47
Strandbar Herrmann 52
Strudlhofstiege 84
Synagoge 85
Szigeti Sektcomptoir 49

Technisches Museum Wien 60
Telefon 121
Theater 54
Theater an der Wien 55
Theaterkarten 121
Theatermuseum 96
Tichy [R] 35
Tiere 121
Tiergarten Schönbrunn 5, **60**, 81
Tipps 18
TopTen 6
Tostmann 46
Trinkgeld 122
Trześniewski 43

U4 50
Übernachten 24
Ubl [R] 34
UNESCO-Weltkulturerbe 5
Universitätscampus 85
UNO-City 86
Unterwegs in Wien 63
Urania 101
Urania Puppentheater 60
Urania Sternwarte 61

Verkehr 122
Verkehrsmuseum Remise 97
Vestibül [R] 33
Vincent [R] 33
Vivibag 46
Volksgarten 51, **87**
Volksoper 55
Volkstheater 55
Volkstheater Rote Bar 17, **50**
Votivkino 51
Votivkirche 87

Wagenburg 80
Wäsche 47
Wegzeiten 73
Weibels Wirtshaus [R] 35
Wein & Co am Naschmarkt 53
Weingut Reisenberg 102
Weingut Wieninger [R] **36**, 37
Weinlokale 36
Weltmuseum 96
WERK X 54
Wiener Kochsalon [R] 15, **32**
Wiener Konzerthaus 54
Wienerlieder [MERIAN Tipp] **21**, 74
Wiener Sängerknaben 87
Wien-Karte 123
Wien Museum 97
Wieno [R] 36
Wien zum Hören [MERIAN Tipp] **20**, 57
Wirtschaft 111
Wotrubakirche 87
WUK 51
Würstlstände [MERIAN Tipp] **19**, 30
Wüstenhaus 81

Xocolat 43

Zanoni & Zanoni [R] 35
Zeitungen und Zeitschriften 123
Zentralfriedhof 87
Zoll 123
ZOOM Kindermuseum 61, 94
Zu den Drei Hacken [R] 34
Zu Gast in Wien 23
Zum Finsteren Stern [R] 30
Zwölf-Apostelkeller [R] 36

Unsere Stadt!

JÜDISCHES WIEN BIS HEUTE

נתיבי אויר לישראל

Die Fotografin Margit Dobronyi auf der Gangway eines EL AL-Flugzeugs, Mai 1968 · JMW, Archiv Dobronyi

Die neue permanente Ausstellung.

Jüdisches Museum Wien

ein museum der wienholding

WIEN KULTUR BUNDESKANZLERAMT ÖSTERREICH KULTUR

Dorotheergasse 11, Wien 1 · So–Fr 10–18 Uhr · www.jmw.at

IMPRESSUM

Liebe Leserinnen und Leser,
vielen Dank, dass Sie sich für einen Titel aus unserer Reihe MERIAN *live!* entschieden haben. Wir freuen uns, Ihre Meinung zu diesem Reiseführer zu erfahren. Bitte schreiben Sie uns an merian-live@travel-house-media.de, wenn Sie Berichtigungen und Ergänzungen haben – und natürlich auch, wenn Ihnen etwas ganz besonders gefällt.
Alle Angaben in diesem Reiseführer sind gewissenhaft geprüft. Preise, Öffnungszeiten usw. können sich aber schnell ändern. Für eventuelle Fehler übernimmt der Verlag keine Haftung.

© 2015 TRAVEL HOUSE MEDIA GmbH, München
MERIAN ist eine eingetragene Marke der GANSKE VERLAGSGRUPPE.

Alle Rechte vorbehalten. Nachdruck, auch auszugsweise, sowie die Verbreitung durch Film, Funk, Fernsehen und Internet, durch fotomechanische Wiedergabe, Tonträger und Datenverarbeitungssysteme jeglicher Art nur mit schriftlicher Genehmigung des Verlages.

BEI INTERESSE AN DIGITALEN DATEN AUS DER MERIAN-KARTOGRAPHIE:
kartographie@travel-house-media.de

BEI INTERESSE AN MASSGESCHNEIDERTEN MERIAN-PRODUKTEN:
Tel. 0 89/4 50 00 99 12
veronica.reisenegger@travel-house-media.de

BEI INTERESSE AN ANZEIGEN:
KV Kommunalverlag GmbH & Co KG
Tel. 0 89/9 28 09 60
info@kommunal-verlag.de

TRAVEL HOUSE MEDIA
Postfach 86 03 66
81630 München
merian-live@travel-house-media.de
www.merian.de
1. Auflage

VERLAGSLEITUNG
Dr. Malva Kemnitz
REDAKTION
Sylvia Hasselbach
LEKTORAT UND SATZ
Gabriele Gutmair für bookwise, München
BILDREDAKTION
Susann Jerofsky
HERSTELLUNG
Gloria Schlayer, Bettina Häfele
REIHENGESTALTUNG
La Voilà, Marion Blomeyer & Alexandra Rusitschka, München und Leipzig (Coverkonzept, Ergänzungen Innenteil)
Independent Medien Design, Horst Moser, München (Innenteil)
KARTEN
Gecko-Publishing GmbH für MERIAN-Kartographie
DRUCK UND BINDUNG
Firmengruppe APPL, aprinta druck, Wemding

Ein Unternehmen der
GANSKE VERLAGSGRUPPE

PEFC/04-32-0928

BILDNACHWEIS
Titelbild (Wiener Hofburg), Laif: Gladieu/Le Figaro Magazine
Alamy: L. Yadid 72 • Alexandra Eizinger 56 • Anzenberger: E. Leonhard 53 • Bildagentur Huber: C. Dutton 67. Leimer 85, R. Schmid 13 • Bildagentur-online 77 • blickwinkel: K. Thomas 86 • CC BY-SA 3.0: P. Haas 112r • D. Beranek 43 • dpa Picture-Alliance: EXPA 17, A. Pessenlehner 9, Votava 68, K. Thomas 21 • Fotolia: R. Mayer 101 • Georg Soulek 69 • Getty Images 58, W. Kaehler 61 • Hotel Altstadt Vienna 27 • imagebroker.com 2 • imago: imagebroker 78 • Irene Schaur 50 • Jahreszeiten Verlag: GourmetPictureGuide 24, 31 • Laif: D. Biskup 38, Borgese/Hemispheres Images 92, Gladieu/Le Figaro Magazine 48, L. Maisant/hemis.fr 15, 22/23, 95, B. Steinhilber 11, 36, 75, 91, 108/109, 110, G. Standl 44, C. Stukhard 96 E. Suetone/Hemisphere Images 28, S. Volk 4 • Lisi Specht 88 • Look-Foto: I. Pompe 6 • mauritius images: Alamy 19, 40, F. Kopp/imagebroker 64 • Palmenhaus 32 • Shutterstock.com: Creativemarc 113r • Visum: A. Wrede 82 • W.Simlinger 62/63 • WienTourismus: Peter Rigaud 98/99 • www.stift-heiligenkreuz.org 105